Ernst-Günter Jahn / Gunhild Thalheim

Unsere »besten« Jahre?
Als Kriegsgefangener in Russland
1945 bis 1949

Ernst-Günter Jahn / Gunhild Thalheim

Unsere »besten« Jahre?

Als Kriegsgefangener in Russland 1945 bis 1949

Rediroma-Verlag

Bibliografische Information der Deutschen Nationalbibliothek:
Die Deutsche Nationalbibliothek verzeichnet diese Publikation in der Deutschen Nationalbibliografie; detaillierte bibliografische Daten sind im Internet über http://dnb.ddb.de abrufbar.

ISBN 978-3-98527-205-1

www.rediroma-verlag.de
21,95 Euro (D)

Für Günters Enkel Nicola, Viola und Hagen

Für Liselottes Schwester Ursel Seeber in Jena

Für Claudia Zierk, Ulla Korth und Helga Lochner
in Hamburg

Vater Walter Jahn

INHALT

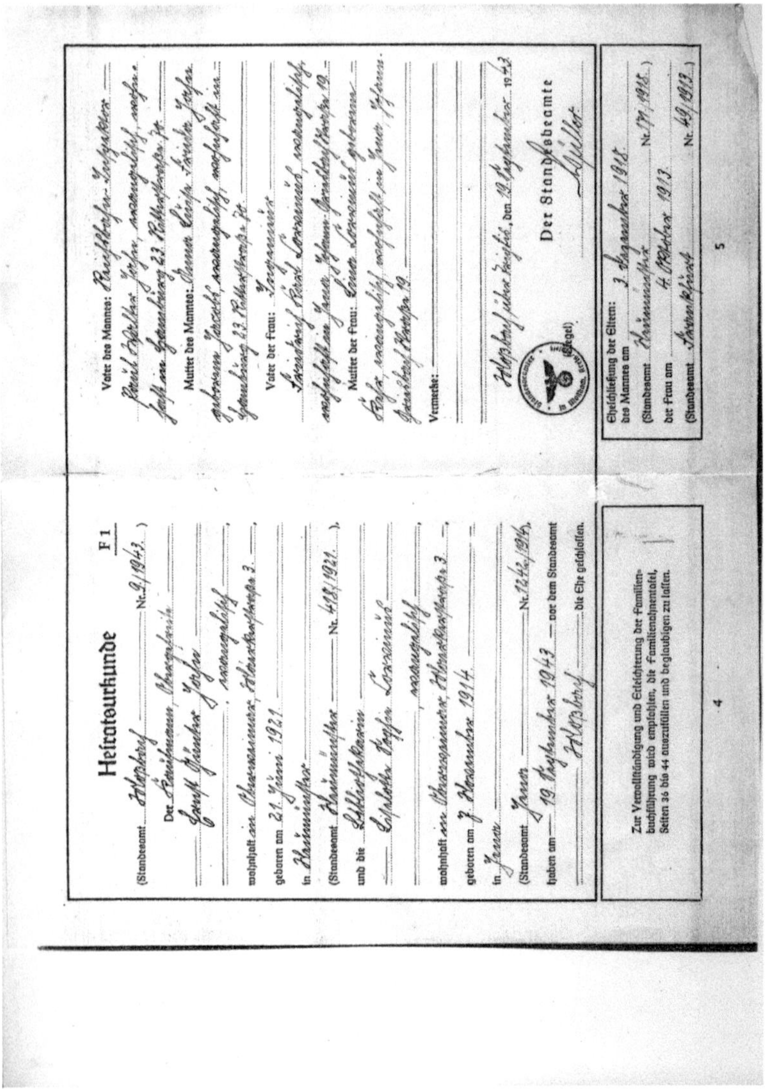
Heiratsurkunde F 1
(Standesamt ... Nr. 9/1943.)
Der ...
wohnhaft in ...
geboren am 21. Juni 1921
in ...
(Standesamt ... Nr. 418/1921.)
und die ...
wohnhaft in ...
geboren am 7. November 1914
in Jena
(Standesamt Jena Nr. 1242/1914)
haben am 19. September 1943 vor dem Standesamt ... die Ehe geschlossen.

Zur Vervollständigung und Erleichterung der Familienbuchführung wird empfohlen, die Familienahnentafel, Seiten 36 bis 44 auszufüllen und beglaubigen zu lassen.

4

Vater des Mannes: ...
Mutter des Mannes: ...
Vater der Frau: ...
Mutter der Frau: ...
Vermerke:
..., den 19. September 1943
(Siegel)
Der Standesbeamte
...

Eheschließung der Eltern:
des Mannes am 3. September 1918
(Standesamt ... Nr. 179/1918.)
der Frau am 4. Oktober 1913
(Standesamt ... Nr. 49/1913.)

5

Abschrift.

Heiratsurkunde

Standesamt M o ß b a c h Nr. 9/1943
Der Kaufmann, Obergefreite Ernst Günter J a h n ,
evangelisch, wohnhaft in Oberweimar, Maerkerstr. 3,
geboren am 21. Juni 1921 in Neumünster
(Standesamt Neumünster Nr. 418/1921)
und die Bibliothekarin Liselotte Sophie C o r v i n u s ,
evangelisch, wohnhaft in Oberweimar, Maerkerstr. 3,
geboren am 7. November 1914 in Jena
(Standesamt Jena Nr. 1242/1914)
haben am 19. September 1943 vor dem Standesamt Moßbach
die Ehe geschlossen.
Vater des Mannes: Reichsbahn-Inspektor Paul Walter Jahn,
evangelisch, wohnhaft in Hamburg 23, Ritterstr. 70
Mutter des Mannes: Anna Luise Frieda J a h n , geborene Jacobs,
evangelisch, wohnhaft in Hamburg 23, Ritterstr. 70,
Vater der Frau: Ingenieur Friedrich Carl Corvinus,
evangelisch, wohnhaft in Jena, Johann-Griesbachstr. 19
Mutter der Frau: Lina Corvinus geborene Kehr
evangelisch, wohnhaft in Jena, Johann-Griesbachstr. 19

Moßbach über Triptis, den 19. September 1943
D e r S t a n d e s b e a m t e
(Siegel) gez. Müller

Prolog

Es ist soooo schön, Soldat zu sein … !

Mit diesen schönen Worten und der dazugehörenden fröhlichen Melodie begann am 3. April 1941 in Sondershausen im schönen Thüringer Land meine Kommisszeit.

Mein Truppenteil war die Panzer-Aufklärungsabteilung 4.

Doch allzu oft sollten wir diesen herrlichen Gesang im Laufe unserer Ausbildungszeit noch verfluchen, wenn wir unter der Gasmaske den Frauenberg erstürmen mussten oder uns beim Panzer-Exerzieren die Beinen und Hände blutig stießen.

Trotz aller Härte und mancher Schikane wurde mir das Soldat-Spielen wirklich zur Freude und in mir der Wunsch wach, Panzer-Offizier zu werden.

Ich kam nach längerer Zeit endlich zur Front, um meine Frontbewährung zu absolvieren.

Doch ganz so glatt, wie ich es mir vorstellte, ging meine Rechnung nicht auf. Denn an der Front wird bekanntlich nicht mit Übungspatronen geschossen, sondern scharf.

Im März wurde ich durch einen Hinterkopf-Streifschuss lazarettfähig und ging mit einem Lazarettzug ab in die Heimat. Garmisch-Partenkirchen!

Fast ausgeheilt bekam ich eine schwere Diphterie dazu, die mich lange (für vierzehn Monate!) ans Lazarett fesselte. Liebevoll pflegte mich in Weimar die Lazarettschwester Liselotte Corvinus aus Jena.

Am 19. September 1943 wurden wir in dem Dorfkirchlein zu Moßbach im Thüringer Wald getraut. Mein Schwager war der dortige Pfarrer. Ich tauschte sozusagen den Wohnblock in Hamburg-Barmbek gegen Lottis Reihenhäuschen in Oberweimar.

Ich wurde mit `a. v.´, dem truppenärztlichen Befund für `arbeitsverwendungsfähig´ zum Ersatztruppenteil entlassen und kam glücklicherweise auch nach Weimar. Sollten aber meine Pläne vom Panzer-Offizier dadurch zunichte sein?

In den schicksalsschweren Tagen des Jahres 1944 wurde ich vom `General Heldenklau´ als `bedingt k.v.´ (kriegsverwendungsfähig) geschrieben und sah darin doch noch einmal die Verwirklichung meines großen Wunsches.

Nach mehreren Lehrgängen in Weimar und Erfurt war meine Zeit gekommen. Als Ober - Gefreiter wurde ich zum 1. Januar 1945 zur Heeres-Panzertruppen-Schule nach Potsdam-Nedlitz in die Hohenlohe-Kaserne einberufen.

Die Lage wurde für Deutschland immer schlechter. Man griff also auch auf unsere Schule zurück.

Wir wurden plötzlich verladen, kriegsmäßig ausgerüstet, zum Teil allerdings nur mit Übungsfahrzeugen. Die Fahrt ging von Potsdam gen Osten. Nach zwei Tagen wurden wir in `Neutomischel´, einem Ort in Polen, ausgeladen und sofort dem Russen entgegengeworfen, der mit ungeheurem Panzerdruck auf unser Vaterland vorstieß.

Bevor wir überhaupt zur Besinnung kamen, war unsere gesamte Schule, in der Stärke einer friedensmäßigen Panzerabteilung, in einen `Sack´ geraten und fast aufgerieben.

Wir restlichen Mannen rafften uns zusammen, versuchten, mit letzter Kraft auszubrechen. In zwei Panzerspähwagen und drei LKW. Nach kurzer Fahrt wurden unsere Panzerspähwagen, die an der Spitze fuhren, von russischer Pak, den Panzerabwehrkanonen, in Brand geschossen.

Sämtliche Straßen und Wege waren versperrt. Uns blieb nur das Eine: Absitzen und versuchen, zu Fuß weiterzukommen. Das misslang. Wir fanden uns in einem großen Wald bei `Benschen´ wieder.

Hier beginnt eine Zeit, die ich im Folgenden schildern möchte. Weniger als `Leidensbericht´. Vielmehr als einen `Erlebnisbericht´, der aufzeigen will, wie in einem kulturell hochstehenden Staat, - wie uns die Russen immer wieder erklärten, - Soldaten als ihre Kriegsgefangenen behandelt wurden. Im zwanzigsten Jahrhundert!

Ich werde mich nur auf das Allgemeine beschränken, da genauere Einzelheit allzu schmerzliche Erinnerungen wachrufen würden.

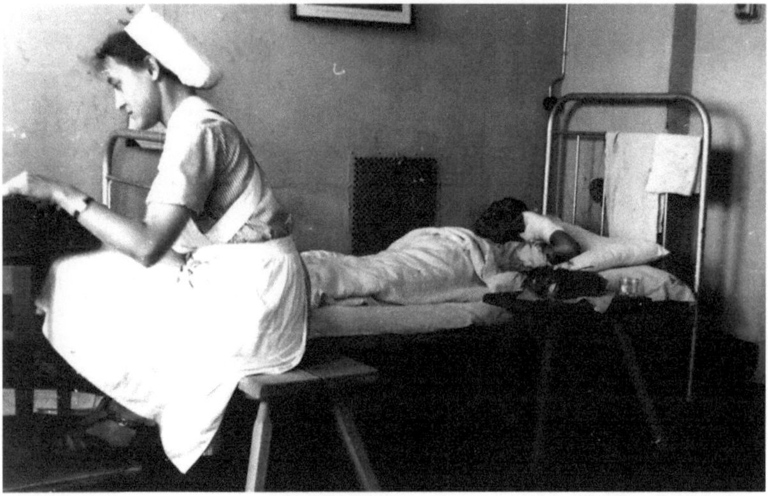

1. Kapitel: Schlafhöhle im Stroh

Im Waldgebiet vor Benschen sammeln sich im Lauf der Nacht immer noch mehr führerlose Landser und Offiziere. Plötzlich erscheint ein Oberst und bemüht sich, den Laden wieder zu organisieren. Er plant einen Durchbruch zu den deutschen Linien. Die Offiziere begeben sich zu einer Lagebesprechung, die dem Ernst der Lage entsprechend kurz und ruhig verläuft.

Gegen 1 Uhr beginnt unser `Schweigemarsch´ durch die Dunkelheit. An Waffen besitzen wir nur noch Pistolen und Handgranaten. Ringsherum brummen die `T 34´ und schwere russische CIS-Lkw, die im Vormarsch auf unsere Heimat sind. Uns gelingt der Durchbruch aus dem Kessel. Allerdings erst, nachdem zwei russische Posten `aus dem Weg geschafft´ werden müssen. Was sind jedoch bloß zwei Leben gegen die von eintausendfünfhundert Männern?

Aber alle unsere Mühe ist umsonst. So auch der Tod der beiden Russen. Denn inzwischen sind wir in einen neuen Kessel geraten. Sobald die Landser das merken, löst sich der ganze Haufen rasch auf. In kleineren Gruppen verschwindet alles hastig in die verschiedenen Himmelsrichtungen. Feindliche MGs rattern rundherum, ab und zu mal ein deutsches.

Nach einem dieser deutschen MG-Feuer orientieren wir uns, - zu etwa zwanzig Mann.

Ich vermute dort die deutschen Linien, halte die Kameraden mit dieser Hoffnung wenigstens wach. Schon lange haben wir keinen Schlaf mehr bekommen.

An einem kleinen Waldstück lassen wir uns nieder und harren der Dinge, die uns erwarten.

Drei Männer werden als Wache eingeteilt, während wir anderen eine Art `Nickerchen´ machen dürfen, - im Schnee liegend. Ich verzehre mein letztes Stück Brot mit Butter, beides zu Eis erstarrt. Danach schlafe ich etwa zwanzig Minuten wie im schönsten Himmelbett. Als man mich weckt, frage ich: „Warum?“

(Hätte man uns doch schlafen lassen! Was alles wäre uns später erspart geblieben! Damals, fast am Ende unserer körperlichen und seelischen Kräfte, hätten wir es nur als Erlösung empfunden.

Heute denke ich völlig anders darüber. Doch zu der Zeit ahnten wir ja noch nicht, was ein Mensch ertragen kann. Wozu er fähig ist.)

Der Morgen beginnt zu dämmern. Wir frösteln heftig. Mit hungrigem Magen machen wir uns auf zu neuem Marsch. Unheimliche Stille. Selten eine kurze MG-Garbe. Uns gilt die zum Glück *nicht.* Vielleicht schlafen die Besatzungen? Oder sie haben sich um den warmen Ofen geschart?

Durch plötzliches Erwachen kam wohl jemand nur aus Versehen an den Abzug. Aber leider sehen wir auch keine deutschen Landser mehr. Vor uns liegt die russische HKL, ihre Hauptkampflinie. Wir stoßen auf die Ausgangsstellung eines Panzerregiments, das dort biwakiert. Nach meinem flüchtigem Schätzen einhundertfünfzig oder auch zweihundert Panzer!

Schnellstens ziehen wir uns zurück. Die Lage für ein Durchkommen unseres Trupps von zwanzig Mann scheint hoffnungslos. Wir müssen uns trennen. Zu zweit machen wir uns auf den Weg, - grobe Richtung Westen. Zwei Männer verstecken sich leichter als zwanzig.

Unser aller Ziel ist Potsdam. Noch ein kurzer, kräftiger Händedruck. Ein Trüppchen nach dem anderen verlässt uns eilig.

Da sitze ich nun mit meinem Kameraden Peter. Die Handgranaten lassen wir zurück. Wir wollen nur unsere Pistolen mitnehmen. In der Ferne hören wir das tiefe Brummen der Panzer. Wahrscheinlich setzen sie sich in Bewegung auf Westkurs. Langsam schleichen wir näher heran. Unsere Vermutung stimmt. Hinter den vorrückenden Russen her machen wir uns auf den Weg in die Heimat. Sind wir erst einmal wieder in Deutschland, wäre vieles leichter. Denn wir sprechen nur ein paar Brocken polnisch und russisch. Übermenschliches wird von unserem Körper gefordert. Die Strapazen der vergangenen Tage scheinen uns wie Blei in den Gliedern zu liegen.

Nach stundenlangem Vortasten erreichen wir plötzlich ein Gehöft. Die Russen haben es liegen lassen. Nur eine Nachhut hat kurz alles durchsucht.

Der Vorstellung, eventuell eine Stelle zum Schlafen zu finden, können wir nicht widerstehen. Schon stehen wir auf dem Hof, ohne zu überlegen, welche Gefahren hier auf uns lauern.

Und wir haben Glück! Auf dem Hof befindet sich noch ein Deutscher mit seiner Familie, der uns flehentlich bittet, weiterzugehen. Einige Russen seien gerade erst bei ihnen gewesen. Sollten sie uns bei ihm finden, wird er mit seiner Familie lebend nicht vom Hof kommen.

Trotzdem geben sie uns etwas zu essen und zu trinken. Wir dürfen uns einen Augenblick an den warmen Ofen setzen. Doch was müssen wir feststellen, als uns warm wird und wir versuchen, unsere Strümpfe ein wenig zu trocknen? Die feuchte Kälte hat sie festfrieren lassen an

Schuhen und Füßen. Durch die Wärme beginnen die Füße, wahnsinnig zu schmerzen. Schuhe und Strümpfe tauen nur langsam auf. Ich ziehe sie aus, weiß aber gleich, ich werde sie so schnell nicht wieder anziehen können. Also barfuß weiterziehen? Nun ist guter Rat teuer. Wir sehen die böse Situation auf dem Hof ein, wollen die Familie ja nicht in Gefahr bringen. Aber was tun? Die Frau nimmt uns die Entscheidung ab. Sie lässt uns nicht mehr aus dem Haus. Diese Familie nimmt es auf sich und behält uns in ihren Mauern.

(*Ich bin mir sicher, diese Erinnerungen hätte ich sonst niemals schreiben können.*)

Nachdem wir uns tüchtig gestärkt haben, schleppen wir uns todmüde in die Scheune und vergraben uns im Stroh. Wir bauen uns einen Schacht, hinunter fast auf den Grund der Scheune, den wir zu einer kleinen Höhle zum Schlafen erweitern. Wir können sogar aufrecht darin sitzen. Es ist eine wahnsinnige Arbeit, bis wir endlich damit fertig sind. Am Eingang zum Schacht legt der Bauer alles so zurecht, dass keiner etwas von uns bemerken wird. Dann lässt er uns allein. Kaum haben wir uns hingelegt, schlafen wir fest. Es mag gegen 19 Uhr sein.

Am anderen Morgen klopft der Bauer ans Tor und bringt uns die Freudenbotschaft:

Soeben sind deutsche Infanterie-Einheiten mit Schützenpanzern durch den Ort gefahren. Zum Gegenangriff. Hastig machen wir uns bereit zum Aufbruch. Kaum noch fühle ich meine schmerzenden Füße vor Aufregung.

In der Deckung dieser deutschen Einheiten versuchen wir, die deutschen Linien zu erreichen. Im Geist sehe ich mich bereits zu Hause. Ungesehen erreichen wir die Rollbahn. Plötzlich bricht ein furchtbares Feuergefecht los. Zwischen Pak und MGs. Genau in der Richtung, in der die deutschen Truppen verschwunden sind. Aus unserer Deckung sehen wir nach allen Himmelsrichtungen Fahrzeuge auseinander fahren. Die russischen Panzer hinter ihnen her. Brennende Fahrzeuge vor uns. War das nur ein Ausbruchsversuch von versprengten, eingekesselten Resttruppen?

Da liegen wir. Anstatt himmelhoch jauchzend … zu Tode betrübt. Wir hören Schreie und Hilferufe der Verwundeten. Wir können ihnen nicht helfen. Was sollen wir machen? Zu unserem Glück entdecken die Russen uns nicht. Endlich wird es ruhig. Ungestört erreichen wir `unsere´ Scheune wieder. Oh Schreck! In der Nacht hat es geschneit. Sehr frisch bleiben unsere Spuren im leuchtenden Weiß zurück. Rasch macht der Bauer sie unkenntlich.

Niedergeschlagen und maßlos enttäuscht ziehen wir zurück in unsere Lagerstatt und schlafen einen gesunden Tiefschlaf. Natürlich erst, nachdem unsere Gastgeber uns gut versorgt haben mit Brot und heißem Kaffee.

Ziemlich lange müssen wir geschlafen haben, als mein Kamerad mich eilig weckte. Auf dem Hof hören wir Stimmen und Hundegebell. Russen? Schon wird das schwere Scheunentor geöffnet und die Scheune durchsucht. Wortfetzen dringen zu uns, - auf Russisch! Offenbar stehen sie direkt neben uns, nur getrennt durch eine Holzwand, als Abgrenzung zur Einfahrt. Wir meinen, sie müssten unsere Herzen wild schlagen hören.

Ich sehe uns schon auf dem Hof stehen, wo die Russen mit ihren MPs ein Freudenfeuer veranstalten. Wir fassen uns an den Händen und beten lautlos. Gott sei Dank reden diese Kerle so laut und fluchen so heftig. Dadurch überhören sie die kleinste Bewegung. Endlich, nach den wohl aufregendsten zwanzig Minuten meines jungen Lebens, verlassen sie die Scheune, und bald darauf hören wir sie vom Hof fahren. Mein Gott! Sie haben uns nicht gefunden!!

Mit Freudentränen fallen wir uns in die Arme.

Erst ungefähr eine Stunde später traut sich der Bauer in die Scheune für einen genauen Lagebericht. Doch auch ihm schlackern immer noch die Knie. Es sind tatsächlich zwei russische Einheiten gewesen, um die ganze Gegend abzusuchen nach deutschen Landsern. Haben sie von den eintausendfünfhundert Soldaten Wind bekommen?

Unser `Hausherr´ bringt uns etwas zum Essen. Ich habe den Eindruck, er ist inzwischen ruhiger geworden. Diesen Russenbesuch hat er seit langem erwartet. Er rät uns, wir sollen uns auf seinem Hof erst mal richtig auskurieren. Irgendwie wird er uns später zur Flucht verhelfen.

Im Lazarett in Weimar 1943

2. Kapitel: Nächstenliebe und Polen-Verrat

Doch dann kommt es völlig anders. Nachdem unser Gastgeber und seine Familie uns zwei Tage lang mit Brot und Kartoffeln, Eiern und sogar Rauchwaren versorgten und wir allmählich wieder zu Kräften kommen, - jedem von uns bringt er einmal sogar eine Hühnerkeule, - hören wir morgens auf dem Hof mehrere Stimmen, männliche und weibliche.

Wir erkennen aber weder russische noch deutsche Worte. Es ist wohl polnisch. Wir können heraushören, dass die deutsche Familie den Hof verlassen soll, und zwar sofort. Gleichzeitig erscheinen einige Pferdefuhrwerke. Sie sind hochbeladen mit Sachen eines Polen, der dieses Gehöft für sich beansprucht. Man gibt den Deutschen noch einen Tag Zeit. Da im Haus kein Platz ist, werden die Sachen des Polen vorläufig in der Einfahrt zur Scheune untergestellt.

Inzwischen haben wir beide neuen Mut bekommen. Wir klettern nach oben, legen uns aufs Stroh, um diesem Schauspiel zuzuschauen. Außer Gebrauchsgegenständen gehört zum Inventar des Polen natürlich auch allerlei Essbares. Im Küchenschrank stapeln sich Brot, Wurst, Schmalz. Sogar Schinken. Wir sehen uns bereits am späten Abend daran laben. Gerade besprechen wir unseren Plan, durch welche Tür wir anschließend verschwinden, unsere Jackentaschen vollgestopft mit Proviant. Plötzlich kreischt direkt hinter mir eine Frauenstimme los.

Man muss sich vorstellen, wie wir zwei da oben liegen: Ohrenschützer über den Kopf gezogen, halb bedeckt mit Stroh. Mein Kamerad, der genau am Schacht liegt, saust mit einem eleganten Schwung hinunter. Ich bin vor Schreck wie gelähmt.

Alarmiert durch den Schrei der Frau, die nur die Leiter heraufgeklettert ist, um den Strohvorrat einzuschätzen, und wesentlich schneller wieder unten landet, als sie heraufkam, stürzen prompt alle Männer herbei. Lauter Polen. Sind wir verloren?

Ich gebe mir einen Ruck, richte mich zur vollen Größe auf und rufe ihnen zu: „Hallo! Wir sind deutsch. Deutsche Soldaten!“ Sie sprechen alle recht gut Deutsch. So ist eine Verständigung kein Problem. Ihre Wut auf den Iwan ist sogar noch größer als unsere, denn auf dem Vormarsch hat man den Polen nicht viel von ihrem Eigentum gelassen.

Unter diesen Polen befindet sich der ursprüngliche Eigentümer dieses Gehöfts. Wie er uns später erzählt, war er Förster. Während der Nazizeit hat man ihn von seinem Hof vertrieben. Er zeigt sich als anständiger Pole, kommt zu uns heraufgeklettert und setzt sich zu uns. Wir erzählen ihm unser Schicksal. Er hat vollstes Verständnis für uns. Im Ersten Weltkrieg war er ja selbst Soldat gewesen. Schnell finden wir guten Kontakt.

Gemeinsam steigen wir die Leiter hinunter, und er fordert alle Anwesenden zu unbedingtem Schweigen auf. Dann beraten wir miteinander die für uns beste Lösung.

Inzwischen werden wir mit Essen und Trinken versorgt. Mein Kamerad hat ein kleines Kistchen mit Zigarren im Rucksack. Das überreicht er dem Förster zum Dank für seine Hilfsbereitschaft. Als Gegengabe bekommen wir von ihm ein Päckchen Tabak. Als die Polen endlich von dannen ziehen, lassen sie einen Mann bei uns zurück. Anscheinend trauen sie dem Frieden nicht so recht.

Am Nachmittag kehrt der Förster zurück. Er hat uns einen genauen Plan mit einer Skizze angefertigt, der uns den

Weg durch die ungefährlichsten Stellen aufzeigt und bis zur Oder reicht.

Wir beschließen, erst beim Einbruch der Dunkelheit aufzubrechen und nach diesem Plan zu marschieren, bekommen ein paar Scheiben Brot als Wegzehrung und verabschieden uns herzlich, - ich lasse ihm zum Dank meine Pistole da, - um eilig in Richtung eines nahen Wäldchens zu verschwinden.

Tiefschwarze Nacht umgibt uns. Bei klirrend eiskalten zwanzig Grad! Kaum sehen wir die Hand vor Augen, nur der Schnee zeigt uns den Weg. So stehen wir eine Zeitlang und müssen uns zuerst einmal orientieren.

Immer klarer wird die Nacht. Ein selten schöner Sternenhimmel ruft in uns das heimatliche Gefühl der Sehnsucht wach und sagt uns: „Dort geht es nach Westen!“ Winken die Sterne nicht unsere Grüße in die Heimat? Wird auch meine Lotti sie sehen, wenn sie vielleicht gerade jetzt zum Himmel schaut?

Wir stapfen durch Kälte und Schnee, nach allen Seiten horchend auf gefahrbringende Geräusche. Unsere Nerven angespannt zum Zerreißen.

Nach längerem Marsch taucht unverhofft ein bescheiden erleuchtetes Fenster auf. Ein Gehöft? Sofort gehen wir in Deckung und peilen die Lage. Totenstille um uns! Was tun? Verlockend der Gedanke an einen warmen Raum und ein heißes Getränk …

Peter meint, wir sollten uns leise bemerkbar machen. Wir arbeiten uns vorsichtig an den Zaun heran, setzen darüber und stehen vor dem Fenster. Ein hauchzartes, dreimaliges Klopfen. Ruhe. Dann meldet sich wahrhaftig, zaghaft und ängstlich, eine dünne Frauenstimme. Auf Polnisch werden wir gefragt, wer wir seien. Wir geben uns zu erkennen als deutsche, versprengte Soldaten.

Offenbar hat man hier gute Erfahrungen mit Deutschen gemacht. Wir werden hereingelassen. Eine noch junge Frau redet uns in gutem Deutsch an.

Außer ihr sind zwei Kinder und die alte Mutter im Haus. Wir dürfen unsere Uniformmäntel ablegen, uns an den warmen Ofen setzen. Auf unser Bitten wird das Fenster verhangen, so dass kein Lichtschein nach außen dringt.

Es gibt allerlei Essbares im Haus. Am Nachmittag sind nämlich Russen da gewesen, haben hier gekocht und ausgiebig gespeist. An den Resten dürfen wir uns also laben.

Dabei erzählt uns die Frau, die Russen hätten ihren Mann mitgenommen. Zum Arbeiten!

Ihr Zorn auf dieselben ist natürlich dementsprechend. Als wir dann klopften, hoffte sie, ihr Mann wäre schon zurückgekommen.

Bald sind wir wieder gut durchgewärmt und gesättigt. Es gibt gar keine Diskussion über unseren weiteren Verbleib. Mit großer Selbstverständlichkeit bieten uns diese Leute ihr Nachtlager an. Wir lehnen jedoch dankend ab. Für uns ist inzwischen der Fußboden gewohnter Ersatz geworden für unser Bett. Allerdings ziehen wir es vor, uns vorsichtshalber auf dem Dachboden niederzulassen. Im Fall einer unliebsamen Überraschung müssen wir Deutschen ja nicht gleich in Reichweite herumliegen.

In der Nähe dieses Gehöfts liegt ein Hof, der von seinem früheren Besitzer, einem Volksdeutschen, verlassen wurde. Die Frau bietet an, uns dort hin zu bringen. Weiterzugehen sei unser sicherer Tod, sagt sie. Immer mehr Russen kämen in diese Gegend, und man kann sich weder am Tag, noch bei Nacht draußen sehen lassen. So schlagen wir in der

Scheune dieses verlassenen Hofs unser Quartier auf, für eine sehr ungewisse Zeit.

Verpflegt werden wir morgens und abends von der Frau. Manchmal kommt die Tochter, sogar ein paarmal die alte Mutter. Es darf ja nicht auffallen.

(Ich erinnere mich genau, wie einmal die kleine Tochter eine geschlagene Stunde um `unser Haus´ herumschlich, weil immer wieder Leute in der Ferne auftauchten. Was haben uns doch diese Menschen für ein Opfer gebracht, für das wir ihnen nicht genug danken können.

Nicht auszudenken, sie wären dabei erwischt worden. Sie haben es trotzdem getan. Aus Nächstenliebe!)

Fünf Tage und Nächte verbringen wir in unserem Versteck. Die Zeit wird uns nicht lang.

Im Dachgiebel bauen wir uns nach allen Seiten hin einen Ausguck, indem wir je einen Ziegel lösen und ihn hin und herschieben können. Von unserem luftigen Höhenplatz aus beobachten wir genaustens die vorbeiziehenden Russen mit ihren Panjewagen. Auch hier graben wir uns einen tiefen Schacht für unsere `Wohnung´, diesmal unterm Heu.

Durch unsere Beobachtungen sind die Tage ausgefüllt, kein Grund, sich über Langeweile zu beklagen. Langsam gehen unsere Rauchwaren zur Neige. Auch das Essen ist natürlich kaum so reichlich, dass wir satt und zufrieden schlafen können.

Bald fangen wir an zu meckern, - über jede Kleinigkeit. Der eine atmet zu laut oder schnarcht zu ausdauernd, der andere klappert beim Essen mit den Zähnen … So findet jeder am anderen etwas auszusetzen. Wohl als Folgen des Hungers, aber vor allem der ständig angespannten Nerven.

(Hätten wir damals geahnt, wie viel schlimmer es für uns im Lauf der nächsten fünf Jahre werden sollte! Wir hätten wahrhaftig keinen noch so winzigen Grund zum Streiten gefunden.)

Sobald wir uns besinnen auf unsere hoffnungslose Lage, müssen wir über uns selber lachen und sind rasch wieder ein Herz und eine Seele. Bis uns der Hunger erneut nicht mehr Herr über unsere Gefühle sein lässt.

Eines Morgens, - tüchtig geschneit hat es und ist bitterkalt, - erwacht Peter von einem Geräusch. Er weckt mich hastig. Ein Pferdefuhrwerk mit zwei Polen rumpelt auf den Hof. Die Männer haben wohl den Auftrag, aus `unserer´ Scheune, die ja niemandem mehr gehört, das Heu und Stroh herauszuholen. Von unserem `Gefechtsstand´ aus beobachten wir sie angespannt. Schon öffnen sie das Tor und schieben ihren Leiterwagen hinein, ohne unsere Anwesenheit zu ahnen. Mit den Forken schwingen sie sich auf das Stroh, das auf der anderen Seite lagert, und beginnen aufzuladen. Ein Bündel nach dem anderen. Inzwischen sind wir auf Tauchstation gegangen und harren der Dinge, die da kommen müssen.

Sobald der erste Wagen vollgeladen ist, fährt einer von ihnen davon. Der andere lockert das übrige Stroh auf. Wir sind zu zweit gegen nur einen Mann. Plötzlich greift Peter in sein Mantelfutter. Darin versteckt hat er seine kleine Mauserpistole. Für alle Fälle! Es wäre für uns ein leichtes, den Polen umzulegen. Würde es unserer Lage etwas nützen? Flüsternd beraten wir uns. Abwarten, beschließen wir. Nach vielleicht zwanzig Minuten hören wir den anderen zurückkommen. Weiter geht ´s mit Aufladen. Jetzt ist das Heu an der Reihe.

Schon spüren wir die Forken in unsere Richtung stechen. Lange kann es nicht mehr dauern, bis sie uns freilegen. Wieder klopfen unsere Herzen viel zu laut. Weniger aus Angst vor den beiden, - die haben dann mehr Angst als wir. Aber werden sie nicht sofort Alarm schlagen? Nicht alle Polen sind gut zu sprechen auf uns Deutsche. Da! Wir müssen die letzte Schicht hochdrücken, wenn nicht die Forken in unseren Köpfen einen noch stärkeren Widerstand spüren sollen als im Heu. Ein gellender Angstschrei und zwei in wilder Flucht davonspringende Gestalten sind die Folge. Wir springen sofort auf, rufen ihnen nach. Zeigen uns ihnen in voller Größe. „Keine Angst!“, schreien wir. Mit hoch erhobenen Händen.

Außerhalb des Hofes halten sie an, schauen abwartend zu uns herüber. Wir bitten sie, zurückzukommen. Wir würden ihnen alles erzählen. Nach kurzer Beratung kommen sie zögernd näher. Wir klettern zu ihnen hinunter. Ängstlich abwartend stehen wir uns gegenüber. Weit und breit außer uns keine Menschenseele! Irgendwie spürt man es von Mensch zu Mensch, ob man vertrauen kann. Es dauert nicht lange, wir sitzen im Kreis bei einer Zigarette und plaudern. Wir berichten ihnen unsere Kriegserlebnisse, und sie sprechen über ihre Arbeit.

Der Ältere entdeckt Peters Armbanduhr. Völlig begeistert fragt er immer wieder, was wir dafür haben wollen. Uns ist ja im Moment nur das Essen wichtig. Der andere muss schnell heimlaufen und uns etwas holen. Mit einem Korb voll Kartoffeln, Fleisch mit Soße, Brot und Wurst ist er nach kurzer Zeit wieder da. Doch was hat dieser verfluchte Hund nebenher gemacht? Zwei polnische Milizsoldaten hat er verständigt. Sie folgen ihm mit aufgepflanztem Bajonett.

Ohne zu zögern könnte ich ihn dafür umbringen. Doch was könnte uns das nützen? Für uns ist alles aus! Denken wir.

Denn diese Soldaten sind genauso vernünftige Menschen wie die beiden anderen. Im Lauf der Erzählungen stellen wir fest, wie tief auch ihre Wut auf den `Iwan´ sitzt.

In ihrem Beisein lassen wir es uns gut schmecken. Sie wundern sich, welche Mengen wir hungrigen Deutschen wegputzen können. Ich trage meine Armbanduhr noch am Handgelenk, und darauf lenke ich die Aufmerksamkeit der vier Polen. Werden sie uns um meine Uhr laufen lassen?

Nein, daran ist leider nicht zu denken. Trotzdem bringen sie uns noch etwas zu essen.

So vergeht rasch der Vormittag, ohne dass sie uns aus den Augen lassen. Peter will seine Pistole heimlich wegwerfen. Sie ist ihm als Geschenk für diese Burschen zu schade. Endlich bleibt ihm nichts anderes übrig, als sie während des Essens unauffällig unter seinem Platz in die Erde zu wühlen.

Dann kommt die Frage, was sie denn mit uns vorhaben. Ihr Vorschlag ist, uns in ein Lager am Bahnhof zu bringen, wo schon mehr als hundert versprengte deutsche Soldaten in Baracken untergekommen sind. Die waren auf ähnliche Weise geschnappt worden wie wir.

Das bedeutet für uns: Gefangenschaft Unter Bewachung der Polen, jedoch unter russischer Kontrolle.

Nachdem wir uns genug gestärkt haben und der Rest in unsere Manteltaschen gewandert ist, geht der Marsch los. Wir zwei `Kriegsverbrecher´ in der Mitte. Vor und hinter uns die Milizsoldaten. Wir müssen vorbei an dem Haus der Frauen, die uns bisher versorgten.

Sie haben schon vom frühen Morgen an das Schauspiel aus der Ferne verfolgt und sind nun aufgeregter als wir.

Ich sehe sie hinter den Gardinen winken und die Tränen aus den Augen wischen. Hier, mitten im Feindesland, gibt es noch mitfühlende Menschen. Was haben wir ihnen alles zu verdanken!

Es beginnt der eigentlich schlimmste Weg, den ich jemals in meinem doch noch so kurzen Leben beschritten habe. Je näher wir den ersten Häusern und dem Ort kommen, umso mehr Russen kreuzen unseren Weg.

Zwei deutsche Gefangene, tagelang nicht rasiert und erst recht nicht gewaschen, können sich nur versteckt gehalten haben, um den Russen Schaden zuzufügen. Genauso `nett´ verläuft dann auch die Begegnung mit diesen russischen Soldaten. Beschimpft, angespuckt, von Pistolen bedroht, mit Dreck und Flaschen beworfen, müssen wir fast eine ganze Stunde lang Spießruten laufen.

Was die Russen vergessen, besorgen fanatischen Polen, die schwer unter Hitlers Herrschaft leiden. Verstehen könnten wir sie, doch warum müssen ausgerechnet wir armen Landser herhalten? Längst ist mir alles egal. Ich glaube, es wird jeden Augenblick aus irgendeiner Ecke knallen. Ja, ich sehne es förmlich herbei, um endlich erlöst zu sein von aller Schikane.

Was kann ein Mensch alles ertragen! Schließlich erreichen wir die bewussten Baracken.

Als erstes treten wir vorn in der Wache an, die mit einem Polen besetzt ist. Was wir noch bei uns tragen, - es ist weiß Gott nicht mehr viel, - wird uns abgenommen. Nur die Klamotten, die wir am Leib tragen, lässt man uns. Auch unseren wenigen Proviant. Und das ist für uns immerhin das Wichtigste. Wir bekommen einen Teller warme Suppe. Unsere Personalien werden aufgenommen. Name, Vadders Name und so weiter. Der Russe hat die Eigenart, nicht nur den eigenen Vornamen gelten zu lassen, sondern immer den Namen des Vaters dazu.

Ich heiße also ab jetzt nicht mehr Günter Jahn, sondern Jahn Walter Günter.

Schließlich bringt uns der gute Mann, - der beste vom gesamten Wachpersonal, wie sich bald herausstellen soll, - in unsere Baracke. Da liegen sie. Deutsche Kriegsgefangene. Ich bin nun auch einer von diesen Kriegsgefangenen, die ich in der Heimat von oben herab behandelte. Sie waren doch damals unsere Feinde, demnach Menschen zweiter Sorte. Wie anders ist alles, wenn wir es dann am eigenen Leibe verspüren müssen.

Einen alten Bekannten aus meiner Einheit treffe ich unverhofft wieder. Er ist auf ähnliche Art hierhergekommen. Wir werden schnell in die Gemeinschaft aufgenommen. Noch müssen wir nichts arbeiten. Den ganzen Tag dürfen wir schlafen, herumhängen, dösen oder uns mit sonstigen geistestötenden `Abwechslungen´ beschäftigen.

Eine Lieblingsbeschäftigung: das Erstellen von Rezepten und ihre imaginäre Zubereitung.

(*Je länger die Gefangenschaft dauerte, umso schlimmer wurde es. Es wurde direkt zu einer Art Perversität*!)

Gott sei Dank können wir uns nach drei endlosen Tagen freiwillig zur Arbeit melden. Das nehmen wir nur zu gerne an, bedeutet es doch, nicht länger im Lager allmählich zu verblöden.

Ich werde beim Eisenbahnbau zugeteilt. Mit den russischen Eisenbahnpionieren sollen wir von Deutschen gesprengte Brücken und Bahnanlagen wiederherstellen. Und zwar schnellstens! Noch ist Krieg. Der Russe im Vormarsch auf Berlin. So erleben wir es, dass vor der Brücke der russische Panzerzug liegt, während über uns die deutschen `Stukas´, Sturzkampfbomber, ihren Einsatz fliegen.

Ein `herrliches´ Gefühl! Wir warten förmlich auf diesen fürchterlichen Sirenenton beim Zielsturz. Nichts für schwache, überreizte Nerven!

Es wird Tag und Nacht durchgearbeitet. Bei grellem Scheinwerferlicht und im dichtesten Schneegestöber. Die dicken Balken reicht man uns per Wasser zu. Bei dieser schneidenden Kälte! Im Nu sind sie mit einer Eisschicht versehen.

Aber mit einer Masse Menschen lässt sich vieles schaffen. Die Truppen der Pioniere benehmen sich ganz ordentlich. Schlimm sind dagegen die Besatzungen der Panzerzüge. Dauernd stehen sie mit ihrem „Dawai! Dawai!“ - Gebrüll hinter uns. „Schneller! Schneller!“

Teilweise sind sie Mongolen. Wie grausame Wildkatzen erscheinen sie uns. Erwischen sie einen von uns, lassen sie ihre Wut an uns aus. Allerdings gibt es auch unter ihnen anständige Kerle. Es passiert schon mal, dass einer im Vorbeigehen eine Dose Fleisch und ein Brot fallen lässt. Das darf nur keiner der Russen sehen.

Einmal muss ich zum Hof-Fegen antreten. Ein General hat sich angesagt.

(*Und auf äußerliche Sauberkeit gab der Russe ja viel. Die Häuser weiß angestrichen, - von außen! Von innen klebte man fest vor Dreck.*)

Das ist ein ganz wunderbarer Job. Logischerweise fegen wir unmittelbar vor oder zumindest recht nahe der Küche.

Der Koch könnte sein Fleisch auf dem Erdboden vor der Küchentür schneiden, - so ausgiebig und sauber haben wir dort gefegt.

Es lohnt sich! Brot und Konserven, aus amerikanischer Herkunft, füllen unsere Mägen. Sogar Zigaretten haben wir für einige Tage `geschnurrt´.

In unserer `Plennie´- Sprache sagen wir `gegammelt´.

An einem Morgen fahren wir zu etwa zwanzig Mann auf dem Wagen eines Güterzugs zum nächsten Güterbahnhof. Begeistert ist keiner von uns. Die Arbeiten am Bahnhof sind immer besonders anstrengend. Wir sollen entweder Holz oder Eisen abladen. Diesmal Holz. Zu zweit müssen wir die schwersten Baumstämme bewegen. Fünf bis sechs bewaffnete Russen stehen um uns herum. Sie freuen sich wie kleine Kinder, wie wir uns mit den Stämmen abquälen. Ich habe einen immerhin schon sechsundfünfzigjährigen Polizeioffizier als Hilfsmann. Ich als Büroarbeiter bin ja ebenfalls nicht der Stärkste. Mit Fußtritten in den Hintern und Stockhieben helfen die Russen nach. Die Zähne fest zusammengebissen, dem Zusammenbrechen nahe, mühen wir uns ab, die schwere Last auf die Schultern zu stemmen.

Unerwartet kommen zwei Russen, um mir zu helfen. Dann allerdings stellen sie sich zu meinem älteren Kameraden und grinsen, wie mühsam er allein sich plagt, den Baumstamm hochzubringen. Ohnmächtige Wut und sein Stolz lassen es ihn schaffen.

(Wie wir die restliche Schinderei bewältigt haben, weiß ich heute nicht mehr. Aber eins weiß ich noch genau: Hätte ich die nötige Kraft gehabt, in diesem Moment wäre ich auf diese schadenfrohen Russen mit dem ganzen Baumstamm losgegangen. So grenzenlos war mein Zorn.)

Als sie endlich einsehen, dass wir am Ende unserer Kräfte sind, holen sie uns zu einem neuen Kommando. Zu je sechs Mann machen wir zwei Güterwagen auf. Deutscher Herkunft. Wir trauen unseren Augen nicht, was wir darin finden: Weihnachtspäckchen! Für unsere Kameraden zum Weihnachtsfest 1944. Niemals werden diese Pakete ihre Empfänger erreichen. Denn schon vorher sind sie ja in Feindeshand gelangt.

Diese Posten sind zum Glück wesentlich angenehmer als die vorherigen. Wir müssen alle diese Päckchen und Pakete öffnen und deren Inhalt auf zwei Haufen stapeln. Alles Essbare auf den einen, Rauchwaren und Rasierapparate, Messer und so weiter auf den zweiten. Dabei dürfen wir uns zum Essen nehmen und rauchen, aber nichts in unseren Taschen verschwinden lassen.

(*Wie das ablief, kann man sich ungefähr vorstellen. Das Beste entbehrten unsere Lieben in der Heimat, um es ihren Söhnen und Vätern ins Feld zu schicken.*)

Damit davon der Russe nicht zu viel abbekommen soll, stopfen wir in uns hinein, was das Zeug hält. Was für den deutschen Landser bestimmt ist, soll doch wohl nicht der Iwan schlucken!

Abends erlaubt man uns, einzustecken, soviel in unsere Taschen hinein geht. Ich trage noch meinen Fahrermantel. Binde mir die Ärmel fest zu, damit möglichst reichlich hineinpasst.

Im Lager wird gerecht aufgeteilt. Die anderen Kameraden haben den ganzen Tag über kaum was zu essen bekommen.

Also ist dieser Tag doch gut ausgegangen, obwohl er so übel begonnen hat.

Auf dem Weg zu unseren Arbeitseinsätzen begegne ich noch öfter den beiden polnischen Milizsoldaten, die uns in der Scheune verhafteten. Ich glaube, heute hätten sie uns nicht mehr an die Russen ausgeliefert. In der kurzen Zeit haben auch sie anscheinend diese restlos satt. Sie werden nämlich inzwischen kaum anders oder gar besser behandelt als wir deutschen Kriegsgefangenen. Sogar ihre Frauen und Kinder müssen genauso schwer arbeiten wie wir.

Ihr Hass auf die Russen ist allzu verständlich.

Überlebenswichtig: Vaters Kochgeschirr

3. Kapitel: Marschziel `Posen´

Am anderen Morgen werden wir noch früh von unseren polnischen Bewachern geweckt. Nicht eben zärtlich!
Als Weckruf kriegt jeder einen derben Fußtritt und dazu:
„Steh auf, deutsches Schwein!"
Diesmal ist die gesamte Wachmannschaft angetreten, sehr zu unserer Verwunderung. Es heißt, in einer Stunde sei Abmarsch. Bis dahin müsse die Unterkunft sauber und Essen gefasst sein. Sofort machen wir uns an die Arbeit. Das Bettenmachen fällt weg. Wir müssen auf dem nackten Fußboden schlafen, zugedeckt mit unsern Mänteln.
Mit Eimern voll Wasser feuchten wir den Boden an und trocknen ihn mit alten Lappen. Ob er sauber wird, spielt für uns keine Rolle mehr. Hauptsache, er sieht einigermaßen nass aus.

Unsere Morgenverpflegung besteht aus ganzen sechs Pellkartoffeln in der Schale und einem Brotlaib für zehn Leute. Gesamtgewicht des Brotes etwa 1200 Gramm. Wir hauen alles rasch weg in Erwartung unserer Marschverpflegung. Aber die Burschen haben gemerkt, was uns vom Vortag übrig geblieben ist. Die uns zustehende Verpflegung haben sie rasch für sich zur Seite geräumt. Doch wir können uns nicht wehren, ohne einen heftigen Schlag mitten ins Gesicht zu riskieren. Lieber halten wir, stinkwütend, die Klappe.

Eins muss ich noch erwähnen: Unser Klo, die `Latrine´, ist draußen in einer Ecke, - unter freiem Himmel. Im Lauf der Zeit sammelt sich dort natürlich jede Menge Papier an. Eines Abends, gegen neun Uhr, erledigt ein Kamerad sein Bedürfnis mit brennender Zigarette.

Ohne nachzudenken, wirft er den glimmenden Stummel in die Grube, wo der scharfe Wind das Papier sehr schnell entzündet. Schon brennt ein kleines Feuer. Und wie es der Zufall will, gibt es an diesem Abend gerade Fliegeralarm. Deutsche Stukas brausen über unser Lager hinweg.

Polnische Wachen jagen uns laut schreiend, mit Kolben- und Knüppelschlägen, aus den Baracken zum Feuerlöschen. Mit unseren Mänteln und herumliegenden Lumpen können wir die Flammen rasch ersticken.

Doch das `Schönste´ gibt´s danach: Die ganze Nacht über werden wir verhört. Immer wieder von vorn. An Schlaf ist nicht zu denken. Man macht uns zum Vorwurf, das Feuer hätten wir mit vollster Absicht gelegt, als einen deutlichen Hinweis für unsere deutschen Kameraden der Luftwaffe.

(So kindisch dachte der Russe von uns Kriegsgefangenen! Misstrauen über alles! Dass nach diesem Zwischenfall unsere Behandlung nicht gerade angenehmer wurde, ist wohl klar.)

Wir nehmen es gelassen hin. Lange kann das alles ja nicht mehr dauern. Noch tobt der Krieg. Bisher sind doch die deutschen Wunderwaffen gar nicht eingesetzt. Schon bald werden wir mit ihrer Hilfe befreit sein.

(Ja, Idealisten waren damals keine Seltenheit! Aber unser gesunder Optimismus war unsere stärkste Waffe gegen die quälende Hoffnungslosigkeit.)

Langsam dämmert der Morgen am östlichen Horizont. Wir sollen heraustreten zum Appell. Nochmals überprüft man unsere Namen. Alles stimmt. Keiner fehlt.

Mit acht polnischen Bewachern und den drei Russen auf einem Panjewagen setzen wir hundertzwanzig `Plennies´ uns in Bewegung. Wohin werden sie uns führen?

Teils als Zivilisten, teils als Soldaten gekleidet, Jüngere und Ältere, geben wir sicher kein erfreuliches Bild ab. Uns, abgestumpft und schwerfällig, ist es mittlerweile völlig egal. Stundenlang marschieren wir durch den Schnee und die beißende Kälte. Nach einer kurzen Mittagspause von höchstens einer halben Stunde erreichen wir eine kleinere Ortschaft. Den Namen können wir nirgends feststellen.

Wir werden in eine große Scheune geführt. Es heißt, wir bekämen Pellkartoffeln und Kaffee. Erschöpft sinken wir ins Stroh, in freudiger Erwartung von dampfendem Kaffee und warmen Kartoffeln.

(Darauf warte ich allerdings noch heute vergeblich!)

Mehrere polnische Zivilisten pirschen sich ans Scheunentor, um mit uns Geschäfte zu machen. Aber was hätten wir noch anzubieten? Ein paar Kleinigkeiten, die wir mühsam versteckten vor den Polen. Trotzdem beginnt ein reges Tauschgeschäft. Ja, selbst Unterhemden und Unterhosen werden eingetauscht gegen ein Stück Brot oder ein wenig Tabak. Ich habe ein Füllfederhalter-Etui mit einem uralten Federhalter gerettet. Ein Pole ist davon spontan begeistert, läuft los, kehrt mit einem dicken Kanten Brot zurück.

Das Geschäft ist perfekt. Ich verkrieche mich in eine Ecke, verspeise das trockene, dunkle Brot wie ein Stück feinster Torte und schlafe sofort ein, todmüde nach dem langen, so beschwerlichen Marsch.

Bereits um sechs Uhr in der Frühe geht es weiter. Auch auf ein Frühstück hoffen wir umsonst.

Inzwischen macht der eine oder andere immer wieder schlapp. Unser Schuhwerk ist auch schon längst nicht mehr das Beste. Ohne viele Worte lassen unsere Bewacher den Trupp anhalten. Einer, der sich kaum noch auf den Beinen halten kann, wird nach rechts in den Wald geschickt. Ehe er sich ´s versieht, haben ihn gleich mehrere Kugeln aus den russischen Karabinern durchbohrt. Schon heißt es: „Weiter! Marsch!"

Einfach nicht mehr hingucken auf dieses Grauen! Scheuklappen aufsetzen, den Nacken steif halten und vorwärts! Jeder von uns denkt nur das Eine: Wird beim nächsten Halt vielleicht auch er selber von diesen `tierischen Gestalten´ hinüber befördert ins erlösende Jenseits?

Wie oft machen wir einen solchen Halt an diesem Tag? Sind es fünf Mal? Oder öfter? Wir haben längst aufgehört zu zählen.

Am Abend, es ist inzwischen dunkel, erreichen wir einen größeren Ort. Untergebracht werden wir im Schulhaus. An Essen oder wenigstens etwas zum Trinken ist überhaupt nicht zu denken. Licht gibt es nicht. Plötzlich taucht ein Pole mit einer Taschenlampe auf. Als er mich sieht, bittet er mich, mit auf den Flur zu kommen. Als Angehöriger der örtlichen Wachmannschaft für ihn wohl kein Problem. Er zeigt auf meinen Fahrermantel, dann auf sich.

Ach so, er hätte gerne diesen schweren Mantel von mir. Mir wird blitzartig klar, er kann mir ohne weiteres befehlen, ihm den Mantel zu überlassen. Sogar ohne den kleinsten Widerspruch. Anständig ist es von ihm, mir einen Tausch vorzuschlagen. So oder so muss ich ja doch einwilligen. Umgehend schleppt er mir einen ganzen Brotlaib an, eine runde Mettwurst und ein Pfund Schweineschmalz. Was das für mich bedeutet, - ich weiß nicht, wer es ermessen kann.

Einen langen Tag marschiert, mit knurrendem Magen, und dann dieses `Geschenk´! Im Dunkeln ahnt niemand, was ich unter meinem Tuchmantel versteckt halte.

Ich lege mich auf meinen Schlafplatz und informiere im Flüsterton meinen Kumpel. Gemeinsam fallen wir, heißhungrig wie Wölfe im Winter, über Brot, Wurst und Schmalz her.

Mein Kumpel zeigt mir leise einen Siegelring. Echt Gold! Soll er auch ihn gegen Fresswaren `verscheuern´? Ich rede ihm den Gedanken aus. Im Moment haben wir doch was zu beißen. So einen kostbaren Ring werden wir irgendwann sicher besser gebrauchen können.

Nach einigen Stunden Schlaf geht es in der Frühe weiter. In diesem Ort sind die Polen uns nicht gerade freundlich gesonnen. Es kommt sogar zu manch tätlicher Belästigung, gegen die wir uns kaum wehren können. Wie erleichtert lassen wir den Ort hinter uns!

Erst am dritten Tag erkennen wir unser Marschziel. Es ist `Posen´! Unseren Bewachern fällt ein, uns durchzuzählen. Oh, Schreck! Wir sind nicht mehr vollzählig. Als wir an einem Feld vorbeiziehen, an dem fünf polnische Arbeiter beschäftigt sind, gehen zwei Russen zu ihnen hinüber.

Mit vorgehaltenen Maschinenpistolen zwingen sie diese Männer einfach, mit uns zu kommen.

Unter heftigstem Fluchen und lautem Schimpfen müssen die ihnen gehorchen. Sie sind, wie aus heiterem Himmel, zu Gefangenen geworden. Gefangene der Russen!

4. Kapitel: Frühsport und Osterfest 1945

Abends erreichen wir Posen. Ein großes Lager, rundherum hell erleuchtet, bereits mit zwanzigtausend Menschen überfüllt, nimmt auch uns in seine Stacheldrahtzäune auf.

Alles ist hier vertreten: Polen, Ungarn, Deutsche ... Kurz und gut, Menschen all der Länder sind anwesend, die für Deutschland gekämpft haben.

Hier beginnt das eigentliche Lagerleben. Nach ärztlicher Untersuchung, durchgeführt zum größten Teil von russischen Ärztinnen, geht es in die Sauna. Ach, was für eine Wohltat nach der Kälte dieses langen Tages!

Mit über vierzig Mann bekommen wir einen Raum zugewiesen, in dem normalerweise höchstens zwanzig Leute untergebracht würden. Vor allen Dingen lernen wir erst einmal `Kultur´ kennen. Früh um vier Uhr ist Wecken und für das gesamte Lager Frühsport.

Eine halbe Stunde lang Freiübungen, dick eingemummelt in alles, was wir noch bei uns tragen. Denn unsere Sachen unbeaufsichtigt liegen zu lassen, ist weniger ratsam.

Das Bild von uns `Frühsportlern´ muss fast köstlich sein! Jammervoll, - und trotzdem zum Lachen? Als Frühstück gibt es Pellkartoffeln. Dazu, - je nach Laune des Lagerkommandanten, - einen Brotlaib für acht bis zehn Mann. Wie oft kommt es vor, dass im Schutz der Dunkelheit die Essenholer überfallen werden und ohne Kübel und Brot in der Baracke ankommen. Oder man hat dem Essenausgeber die Kübel unter den Fingern weggerissen.

Ja, hier kommt unser nagender Hunger massiv zum Durchbruch. Wie schlimm kann Hunger einen Menschen verändern!

Gearbeitet wird auch in diesem Lager in den ersten zwölf Tagen nicht. Es ist die langweilige, von allen gehasste Zeit der Quarantäne, die wir durchmachen müssen. Bei jedem Lagerwechsel aufs Neue. Sobald ich darf, melde ich mich wieder freiwillig zum Arbeiten. Irgendwas können wir uns dabei immer `ergammeln´. Wenn es auch bloß erfrorene Kartoffeln sind.

Posen ist durch den Krieg ziemlich stark mitgenommen. Aufräumungsarbeiten überall in der Stadt sind daher ganz dringend nötig. Viele Polen sind bereits zurückgekehrt, es entwickelt sich schon wieder ein reger Verkehr.

Mehrmals gehe ich mit in die Akkumulatorenfabrik. Die ist, von den Deutschen aufs Modernste erbaut und eingerichtet, erst kurz vor Kriegsausbruch eingeweiht worden. Bis ins Kleinste hat der Russe sie demontiert.

Es ist der erste Ostertag 1945. Der Kampf in Deutschland, insbesondere um Berlin, ist fast auf seinem Höhepunkt angekommen. Die Polen spazieren bei schönstem Wetter umher, in ihrem Sonntagsstaat. Nur wir merken nichts vom Osterfest. Wir demontieren weiter.

Eine große Schalttafel aus Marmor, in den geschätzten Maßen von zwölfeinhalb mal achteinhalb Metern, wird besonders vorsichtig abgeschraubt. Fünfzehn von uns sind nötig, sie in eine große Kiste zu verpacken, zwischen Holzwolle und alte Lappen. Auf keinen Fall darf sie beschädigt werden. Als die Tafel endlich heil in der Kiste liegt, gibt der dafür verantwortliche Russe uns den Auftrag, diese zuzunageln, und verschwindet.

Zunageln? Ja, das tun wir allerdings auch. Vorher greifen wir uns jedoch einen möglichst harten Gegenstand. Mit Hammer, Eisenstangen und ähnlichem bearbeiten wir den Marmor und die vielen Uhren darauf aus Leibeskräften.

Jedenfalls soll der Russe an dieser riesigen Tafel keine Freude mehr haben. Die haben wir!

Weil wir nicht alle gleichzeitig zum Nageln gebraucht werden, ziehen einige Kameraden los, das Fabrikgelände zu erkunden. Mit einer Freudenbotschaft kehren sie zurück: Im Keller entdeckten sie `Rote Rüben´.

Nie habe ich gewusst, wie gut die auch roh zu essen sind. Sie schmecken uns sicher köstlicher als manchem Polen der Osterkuchen.

Zwei Tage später werde ich einem anderen Kommando zugeteilt. Eine russische Auto-Reparaturwerkstatt. Der russische Fahrer, der uns im Lager mit einem LKW abholt, weiß, dass man in der Brauerei noch Bier bekommt. Zwei große Wassereimer hat er dabei. Die lässt er bis obenhin mit Bier füllen und bringt unseren Anteil nach hinten auf die Ladefläche. Mit zehn Mann trinken wir kräftig davon, obwohl wir den frischen Biergeschmack vermissen.

Den Russen scheint das abgestandene Zeug trotzdem zu schmecken, denn sie kommen tüchtig in Stimmung. Ich kann hier noch meine Schnürschuhe eintauschen. Gegen ein Brot und fünfundzwanzig Zigaretten. Die Schuhe, die ich dafür erhalte, sind fast besser als meine eigenen, auch wenn ihnen die Gummisohle fehlt. Auf die sind nämlich alle Russen besonders scharf.

Etwas Essbares ist für mich wertvoller. In diesem Lager nämlich ist die Verpflegung extrem schlecht. Morgens gibt es die üblichen Pellkartoffeln und das Brot für zehn Leute. Den halben Liter Wassersuppe zu Mittag bekommt man nur, wenn man sich im Lager aufhält. Denn wer außerhalb arbeitet, muss zusehen, was er sich `organisiert´. Abends erwartet uns wieder die Wassersuppe, dazu nur selten noch mal Brot. Inzwischen wird das Leben in diesem großen Lager für uns beinahe zur Hölle.

„Gelobt sei, was uns hart macht, Günter!“, grunzt mein Bettnachbar, als ich mich stöhnend auf meine Pritsche sinken lasse.

„Das hier? Nee, das macht uns sicher nicht hart“, knurre ich leise. „Eher frisst es uns irgendwann auf!“

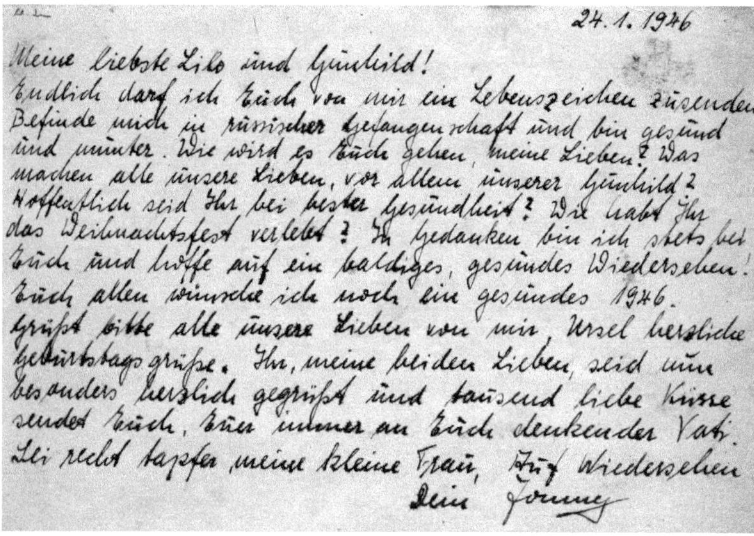

24.1.1946

Meine liebste Lilo und Gunhild!
Endlich darf ich Euch von mir ein Lebenszeichen zusenden.
Befinde mich in russischer Gefangenschaft und bin gesund
und munter. Wie wird es Euch gehen, meine Lieben? Was
machen alle unsere Lieben, vor allem unserer Gunhild?
Hoffentlich seid Ihr bei bester Gesundheit? Wie habt Ihr
das Weihnachtsfest verlebt? In Gedanken bin ich stets bei
Euch und hoffe auf ein baldiges, gesundes Wiedersehen!
Euch allen wünsche ich noch ein gesundes 1946.
Grüßt bitte alle unsere Lieben von mir, Ursel herzliche
Geburtstagsgrüße. Ihr, meine beiden Lieben, seid nun
besonders herzlich gegrüßt und tausend liebe Küsse
sendet Euch, Euer immer an Euch denkender Vati.
Sei recht tapfer, meine kleine Frau, Auf Wiedersehen
Dein Jonny

5. Kapitel: Seife statt Brot und Wasser

Eines Tages heißt es zum Glück für uns: Wieder einmal Aufbruch! Im Lager ist die Ruhr ausgebrochen. Alle die Krankenhäuser und Lazaretts, sowie eigens dafür hergerichtete Schulen sind überfüllt. Täglich sterben Hunderte von Landsern. Daher sind wir heilfroh, als wir unsere paar wenigen Habseligkeiten zusammenraffen sollen. Noch einmal geht es in die Sauna, und wir werden registriert. Etwa zweitausendfünfhundert Gefangene sind wir diesmal, für einen Transportzug.

Auf unserem Weg zum Bahnhof sehen wir einen Transportzug aus der Heimat langsam vorüberrollen. Besetzt ist dieser Zug nur von Frauen. Deutschen Frauen. Müttern und Kindern. Ein furchtbares Bild! Aus jedem Güterwagen, mit Stacheldraht abgesichert, hören wir den gellenden Ruf: „Helft uns doch, Kameraden!“ Wie sollen wir helfen, die wir doch selber auf Hilfe warten?

Deutlich sehe ich mein Frauchen vor mir. Mein inneres Entsetzen lässt mich frieren. Ich muss mich abwenden, wenn ich nicht jämmerlich losheulen will.

Nachdem wir allesamt verladen sind, setzt der Zug sich gegen Abend endlich in Bewegung. Mit sechsundvierzig Mann eingepfercht in einen kleinen Viehwaggon. Man hat uns einen Ofen eingebaut, über den wir herzlich lachen. Ist es doch in Posen schon frühlingshaft warm.

In der ersten Nacht rollen wir in Richtung Osten. Als am anderen Morgen die Sonne aufgeht, sehen wir sie durch die Öffnung am Ofenrohr in entgegen gesetzter Richtung scheinen. Wir haben also die Hoffnung, gen Südwesten zu fahren. In die Ukraine vielleicht? In den folgenden sechzehn Tagen geht die Fahrt dermaßen kreuz und quer, wir können nicht einmal mehr ahnen, in welche Richtung wir rollen.

Dafür wird uns eins immer klarer: Der kleine Bollerofen hat seine Berechtigung! Draußen wird es grau. Die Sonne ist nicht mehr zu sehen. Stattdessen Schnee, Schnee, Schnee und eine wahrhaft saumäßige Kälte.

Doch was nützt uns dieser Ofen, wenn wir keine Streichhölzer haben? Selbst falls wir welche hätten, gibt es nichts zu verbrennen. Wir klappern erbärmlich mit den Zähnen, versuchen, uns gegenseitig zu wärmen. Aber dann entdeckt einer in seiner Jackentasche tatsächlich noch drei Streichhölzer. Das löst ein Freudengeheul aus! Sofort beginnen wir, den Waggon von innen her abzutragen. Holzstück für Holzstück verschwindet im Ofen. So haben wir wenigstens ein bisschen Wärme, solange das Holz im Ofen knistert.

Abwechslung ist das, was uns am meisten fehlt. Als ein \`Fenster´ haben wir nur eine kleine Luke in der rechten oberen Ecke. Durch Stacheldraht abgesichert, als ob ein Transport der schwersten Schwerverbrecher überführt würde. An diese Luke heranzukommen, ist schon gar nicht möglich. Denn von Kameradschaft ist hier nichts mehr zu spüren. In einer solchen Situation gibt es nur eins: ICH! Der Selbsterhaltungstrieb gibt uns Menschen die Prägung eines wilden Tieres. Besonders macht sich das bemerkbar, sobald der Zug anhält. Dann wird nämlich des Öfteren eine Zählung durchgeführt. Das geht folgendermaßen vor sich:

Zwei Russen vom Wachkommando öffnen die Tür und kommen mit großem Getöse in den Waggon. Der eine bewacht die Tür, die Maschinenpistole im Anschlag.

Wir müssen alle auf die eine Pritsche kriechen, und man kann sich vorstellen, wie das aussieht. Wie die Ameisen liegen wir durcheinander. Danach wird jeder am Kragen gepackt und auf die andere Seite geschleudert. Mit einem lauten „Ras, Dwa, Dri, …“ So oft er sich verzählt, und das passiert bei diesen Analphabeten nicht selten, beginnt das Schauspiel von vorne. Für uns ist es eine solche Viecherei! Erträglich noch für uns Jüngere. Für die Kameraden über fünfzig und älter fast unerträglich. Sobald der Zug hält, zittern wir bereits vor der nächsten Zählung.

Hinzu kommt der immer stärker quälende Hunger. Die erste Verpflegung, soweit man überhaupt von so was wie `Verpflegung´ sprechen kann, erhalten wir genau nach zweieinhalb Tagen. Sie besteht aus zwei Trinkbechern (Wehrmachtstrinkbechern) Erbsensuppe und einem großen Zehn-Mann-Brot. Ein Messer zum Teilen haben wir nicht mehr. So etwas wurde uns längst abgenommen.

Ein Mitgefangener konnte durch sämtliche Filzungen eine Feile schmuggeln. Die dient uns zum Brotteilen. Ich beneide den armen Kerl nicht, der das Teilen freiwillig auf sich nimmt. Kein anderer meldet sich nämlich dafür.

Zweiundneunzig Augen stieren unentwegt auf diesen Mann mit dem Brot. Jeder von uns jeden Augenblick bereit, sich wie ein Tiger auf diesen Brotlaib zu stürzen und ihn zu verschlingen. Ein Anblick, der schwer zu schildern ist. Man muss ihn selbst erleben.

Es gibt auf der Fahrt nur unregelmäßig etwas zu essen. Muss der Zug für längere Zeit halten, können wir Glück haben, wenn wir etwas bekommen. Mitten in der Nacht kann das passieren, und dann ohne Licht. Danach wieder geht ein ganzer Tag hin, an dem nichts Essbares unseren Gaumen berührt. Als einmal die Tür geöffnet wird und wir mit Verpflegung rechnen, wird ein Brett herein geschoben. Doch was liegt darauf? Für jeden ein fünfzig Gramm schweres Stück Seife! So weich, wie nur der Russe sie kennt. Wir trauen unseren Augen nicht. Fragen den Posten, ob wir die vielleicht essen sollen. Die Antwort lautet, wir müssten erst einmal Kultur lernen. Damit sollten wir uns gefälligst waschen.

Doch womit? Von Wasser keine Spur! Es ist ja nicht mal Wasser zum Trinken da, geschweige denn welches zum Waschen.

Das Schlimmste außer unserem schmerzenden Hunger: Wir brauchen dringend was zu rauchen. Mancher findet noch ein paar Krümel Tabak in den Hosentaschen, aber das reicht kaum für eine Zigarette. So hocken wir den ganzen Tag in dem dunklen Waggon herum. Starren vor uns hin. Frierend, hungernd, durstig, halb verblödet. Und wie ein drohendes Gespenst scheint unsere ungewisse Zukunft durch den stickigen Waggon zu schweben.

Unsere Gespräche, soweit sie überhaupt noch zustande kommen, drehen sich nur noch um die so liebe Fresserei. Jeder versucht, sich damit über seinen Hunger hinweg zu täuschen. Es gibt wenige unter uns, die zu Hause ihren Tageslauf nicht bereits mit Schlagsahne begannen, zum Frühstück drei bis fünf Eier verdrückten und mittags nicht weniger als ein halbes Pfund saftiges Fleisch auf ihrem Teller gewohnt waren.

Das muss man sich stundenlang anhören! Ob man will oder nicht. Es ist ja kein Ausweichen möglich. Der einzige Ausweg heißt, das Gehirn so gut wie möglich abzuschalten.

So geht das sechzehn Tage lang. Nicht rasiert, auch nicht gewaschen, das Zeug nicht vom Leib. Wir können uns selbst schon nicht mehr leiden, beginnen uns voreinander zu ekeln, meiden jeden unnötigen Körperkontakt. Nein, von unserer einstigen Gier nach Leben ist so gut wie nichts mehr übrig.

6. Kapitel: Läuse und Wanzen

Als wir am sechzehnten Tag für längere Zeit halten, öffnen sich plötzlich die Türen der Waggons zum lauten Ruf: „Aussteigen!"

Endlich erblicken wir wieder einmal volles Tageslicht. Welch herrliches Gefühl, sich von der Sonne erwärmen zu lassen. Zwar hat sie kaum Kraft, doch die Einbildung lässt uns Wärme spüren. Wie ein Kind, das seine Mutter nur von weitem sieht.

Eine unendliche, sonnenüberflutete Schneelandschaft breitet sich vor uns aus. Zu beiden Seiten des Bahndamms einige niedrige Holzhäuser. In der Ferne ragt ein hoher Schornstein auf. Beim Durchzählen aller Waggons der erste Zwischenfall: In einem Waggon fehlen zwei Gefangene. Großes Hallo bei den Wachleuten! Da haben sich tatsächlich zwei Mann selbständig gemacht. Sind einfach unter dem Waggon durchgekrochen. Querfeldein wollen sie sich aus dem Staub machen. Weit kommen sie allerdings nicht. Keine Stunde später werden sie geschnappt. Bis dahin dürfen wir wartend herumstehen.

Die Kolonne setzt sich in Marsch. Irgendwann zeichnen sich am Horizont mehrere größere Holzhäuser ab. Unser Lager. Dort werden wir wieder gefilzt, diesmal besonders gründlich. Das Letzte, was uns noch geblieben ist, nimmt man uns schließlich. Nur meine Unterwäsche, Jacke und Hose, Mütze, Schuhe, Fußlappen bleiben mir. Und mein sorgsam gehüteter Löffel für die dünnen Wassersuppen. Hinter dem hohen, doppelten Stacheldrahtzaun werden wir durch drei große, eisenbeschlagene Tore geschleust. Unser neuer deutscher Lagerkommandant nimmt uns in Empfang.

Das Lager heißt `Antroptschina´ und liegt circa fünfzig Kilometer vor Leningrad. Es ist schon belegt. Ursprünglich hat man hier tausend Kriegsgefangene untergebracht. Ein kläglicher Rest von knapp achtzig Mann ist noch am Leben.

Nach der eingehenden Registrierung werden wir auf die flachen Baracken verteilt. Die Holzhäuser sind einstöckig, mit Räumen für jeweils vierzig Personen. Pritschen aus frischen Rundhölzern dienen uns als Nachtlager. An so vieles gewöhnt man sich, also auch an hartes Rundholz anstelle von weichen Matratzen.

Nach dem Gang in die Sauna werden uns sofort die Haare geschoren. Mit unseren glänzenden Glatzen sehen wir uns alle irgendwie ähnlich. Auf Kamm und Bürste können wir künftig verzichten. Rasiert werden wir sogar und fühlen uns danach wie neugeboren. Auch hier beträgt die Zeit der Quarantäne zwei Wochen, während denen wir, eingepfercht in die Enge der Quarantänebaracke, stumpfsinnig vor uns hin brüten und die Tage zählen, bis wir endlich hinaus ins Freie dürfen. Ich habe inzwischen das dringende Bedürfnis, mal wieder irgendwo für mich alleine zu sein.

Im Lager, das erst noch angelegt werden soll, wartet viel Arbeit auf uns. Bisher stehen nur die Holzhäuser. Wasser ist viel zu knapp. Es muss aus einem entfernten See geholt werden. Tägliches Waschen ist daher undenkbar. In kurzer Zeit verdrecken wir völlig. Die Läuse werden schnell Herr über uns. Noch übler sind des Nachts die Wanzen. Erst nachdem ich mich notgedrungen an sie gewöhne, ist an ruhigen Schlaf zu denken.

Verpflegung bekommen wir nun regelmäßiger als in den anderen Lagern. Doch auch hier erwartet uns morgens, mittags und abends nur der halbe Liter Wassersuppe. Ist Brot vorrätig, gibt es zu jeder Mahlzeit zweihundert

Gramm. Ist keins da, kriegen wir eben keins. Dann müssen wir von der Suppe `satt´ werden. Ein Kochgeschirr voll dünner Wassersuppe und ein Stück Brot, mehr steht uns nicht zu als `Lohn´ für unsere harte Knochenarbeit.

Eines Abends werden die ersten freiwilligen Arbeiter zum Kartoffelausladen am Bahnhof geholt. Morgen fängt für das gesamte Lager die Außenarbeit an.

Eine Papierfabrik im nahen Ort ist durch den Krieg völlig zerstört. Eine neue, in Stettin demontiert, soll hier an ihrer Stelle entstehen. Unsere Aufgabe besteht hauptsächlich in Aufräumungsarbeiten.

Die Familie in Weimar 1943, vorn Lottis Schwester Ursel

7. Kapitel: Der Krieg ist aus!

Am 1. Mai findet eine große Feier im Club statt, an der das gesamte Lager teilnimmt. Mit vielen Farben und noch mehr Getöse begehen die Russen diesen Festtag, einen ihrer wichtigsten. Außer dieser Feier erkennen wir nur am schlechten Essen, dass der 1. Mai im Kalender steht.
Uns zieht man die Produkte ab, um sie der Bevölkerung zu geben. Die soll doch etwas merken von diesem besonderen Feiertag, den die Russen `Prassnick´ nennen.

Wir müssen an dem Tag natürlich auch nicht arbeiten. Das Wetter ist wunderschön. So verbringen wir unsere Zeit vor den Baracken in der angenehm warmen Sonne und beobachten die Russen in ihrem Feiertagsrausch.

Als am 3. Mai der Trubel abklingt, wird morgens ein neues Kommando zusammengestellt zum Übersiedeln in ein anderes Lager, wobei Antroptschina das Stammlager bleibt.

Mein Kumpel (so nennen wir uns inzwischen, denn die alten `Kameraden´ sind längst gefallen) meint, wir sollten uns dazu melden. Ja, schlimmer könnte es wohl nirgends sein, gebe ich ihm Recht.

Und so melden wir uns. Bis zum Mittag wird noch allerhand vorbereitet. Nachdem wir unseren halben Liter Suppe gefasst haben, geht die Reise los. Wir glauben, per LKW. Doch denkste! Noch ist Krieg. Jeder Tropfen Benzin wird für die Front gebraucht.

Wozu haben wir zwei Beine und Füße?

Antroptschina liegt hinter uns, es geht in Richtung `St. Paulus´ nach `Kolpino´. Hier liegt eins der größten russischen Panzerwerke. Den deutschen Bombenangriffen ist es bisher entgangen.

Durch einen simplen Trick: Bei Fliegeralarm jagt man deutsche Kriegsgefangene auf die Dächer und strahlt sie mit grellen Scheinwerfern an.

Ein langer Zug unserer Leidensgenossen kommt uns aus diesem Lager entgegen. Sie tragen noch ihre sämtlichen Auszeichnungen und Trassen an den Uniformen. Sprechen können wir mit ihnen nur im Vorbeigehen.

Was wir heraushören: Überall ist es dieselbe `Scheiße´!

Das Werk hat also bisher unbeschädigt überstanden und liefert jeden Tag etliche Panzer vom Typ T 343 ab.

Erst als wir aus Kolpino heraus sind, machen wir eine kurze Rast. Inzwischen haben wir einen Dreistundenmarsch hinter uns. Die Füße schmerzen fürchterlich, denn wir besitzen nur noch völlig ausgetretene, teils zerlöcherte Schuhe. Nach einem weiteren, fast dreistündigen Marsch nähern wir uns abends unserem Ziel. Endlich! Es heißt `Krasnoje-Selo´.

Ein typisches Russendorf mit nur einer Straße. Landschaftlich wunderschön gelegen auf einer Anhöhe, darunter ein großer See. Etwas außerhalb das Lager, bestehend aus drei großen und drei kleinen Baracken. Umgeben von Wald. Das bisher am schönsten gelegene Lager.

Wir dürfen die übliche Filzung über uns ergehen lassen und fragen uns, was die noch bei uns suchen. Jedenfalls finden die `Patjacken´ immer wieder Kleinigkeiten.

Auch hier ist schon eine kleinere Besatzung, uns braucht man als Verstärkung. So zählen wir ungefähr hundertzwanzig Gefangene. Unsere Hauptarbeit besteht vorerst in der Instandsetzung des Lagers von innen und außen.

In einer Nacht, gegen ein Uhr, kehrt ein Kommando zurück, das am Bahnhof Kartoffeln ausgeladen hat.

Sie bringen das für uns kaum fassbare und unerwartete Gerücht mit: Die Russen sagen, der Krieg wäre zu Ende, Hitler sei tot, Deutschland habe kapituliert.

Ist das der Erfolg unserer Opfer und Entbehrungen? Wie wird es wohl mittlerweile aussehen in der Heimat? Das sind unsere ersten Gedanken. Sie beschäftigen uns Tag und Nacht. Wir können es noch gar nicht glauben. Vor allem, wann werden wir nach Hause zurückkehren?

Am anderen Morgen geht natürlich keiner zur Arbeit, denn alles muss im Lager bleiben.

In der Ferne hören wir Böllerschüsse. Freudenfeiern in Leningrad. Ein Flugzeug braust über uns hinweg und wirft Flugblätter ab. Wir müssen geschlossen draußen antreten, weil wohl gleich ein ganzer Stab russischer Offiziere und Mannschaften erscheinen wird.

In einer feierlichen Ansprache bestätigt es uns der Major: Seit der letzten Nacht um ein Uhr ist der Krieg vorbei. Das große Sowjetvolk hat seinen vaterländischen Krieg gegen das faschistische Deutschland siegreich beendet.

Als gute Freunde wollen wir gemeinsam an den Wiederaufbau des von den Deutschen Zerstörten herangehen. Denn das große russische Volk, die UdSSR, ist frei von Hass oder niederen Rachegefühlen gegen uns Deutsche. Nun sind sie auch von uns gefordert: Der eiserne Wille zur Leistung. Sowie die entsprechenden Taten.

„Wir bauen auf im Zeichen der Wiedergutmachung!“, schließt der Major. Wir lassen dann Stalin ein paar Mal hochleben, und danach haben wir zwei Tage arbeitsfrei. Das ganze Land feiert im Siegestaumel, und dabei sollen auch wir mitfeiern.

Obwohl uns nicht nach Feiern zumute ist. Sollen wir uns freuen? Sollen wir weinen? Wir wissen es wirklich nicht.

Haben wir ab jetzt mit besserer Behandlung gerechnet, so werden wir enttäuscht. Sie wird eher noch schlechter!

So vergehen auch hier die Tage. Es ist inzwischen Mitte Mai 1945, und die Sonne steigt allmählich höher. Somit lässt sich manches leichter ertragen. Auf einer Baustelle frage ich einen russischen Offizier, wann er mit unserer Entlassung rechne. Seine Antwort ist niederschmetternd:

„Na, vielleicht in zwei Jahren?"

Ich glaube, nicht recht zu hören. Noch zwei weitere Jahre Gefangenschaft vor sich zu haben, ist ein sehr hartes Los. Als ich kurz darauf einem Major dieselbe Frage stelle, antwortet dieser: „Na ja, wenn ihr in fünf Jahren zu Hause seid, könnt ihr froh sein."

Wir lachen über seinen Scherz, denn welches Land würde seine Kriegsgefangenen so lange Zeit zurückhalten? Hat es nicht Lenin in einem seiner Bände ungefähr so beschrieben: „Das Land, welches Kriegsgefangene länger als zwei Jahre zurückhält, macht sich der Sklaverei schuldig."

(Im Unterbewusstsein wurde ich diese scherzhafte Antwort während meiner gesamten Zeit in der Gefangenschaft nie mehr los. Heute kann ich auf die Erfüllung genau dieser fünf Jahre zurückblicken. Eine unendlich lange Zeit liegt hinter mir. Voll von extrem harter Arbeit und angefüllt mit Entbehrungen und Entsagungen. Eine schlimme Zeit, die nur der verstehen kann, der sie wirklich `auskosten´ durfte. Mein spontanes Gefühl völliger Verzweiflung hatte mich damals nicht getäuscht.)

8. Kapitel: Torfstechen und Nordlicht

Als wir uns in Krasnoje-Selo kaum richtig eingelebt haben, geht es eines Abends nach dem Essenfassen als Parole durchs Lager: Wir sollen hier wieder fort.

Parolen bewahrheiten sich fast immer. Es dauert keine Viertelstunde, da tönt es: „Raus treten! Alles Zeug mitbringen!“

Es geht ruckzuck. Ehe wir uns versehen, sind wir bereits wieder auf dem Marsch, - fast das gesamte Lager. Diesmal in eine andere Richtung als wir hergekommen sind. Nach einer guten Stunde erreichen wir das neue Lager. Mit vier `Türmen´, einer größeren Holzbaracke, - die Küche, wie wir später feststellen, - einer niedrigen Baracke und vielen kleinen Finnenzelten.

Rundzelte aus Sperrholz für je zwölf Bewohner. Unser neues Zuhause. Wir sind in `Teitzi´ gelandet, mitten in der Torfstecherei. Dieses Lager bevölkern wir als erste Kriegsgefangene. Hier wird nicht viel `Gesims´ gemacht. Gleich am anderen Morgen geht es ab in die Torfgrube. Zu einer Arbeit, die die wenigsten von uns schon kennen gelernt haben.

Zu dritt bilden wir eine Grube. Einer sticht den Torf, die anderen tragen ihn weg und stapeln ihn zum Trocknen. Ich muss stapeln. Die Norm für jede Grube sind dreitausend Steine pro acht Stunden. Um das zu erreichen, muss man ganz schön wühlen.

Diese Gegend ist eine Öde. Vor allem erweist sie sich als total ungesund. Der Dunst, der aus dem sumpfigen Boden dringt, macht müde und völlig schlapp. Hier sind fast nur Frauen zur Aufsicht eingeteilt. Weibliche Brigadiere! Es gibt recht vernünftige unter ihnen, jedoch sind manche reinste Hyänen. Fanatiker! In uns Deutschen sehen sie nichts anderes als die bösen Angreifer und Zerstörer.

Mit der Zeit bekommen wir auch bei dieser verdammt stumpfsinnigen Arbeit immer mehr Routine. Wir fangen an zu grübeln, wie wir die Russen am leichtesten `bescheißen´ könnten.

Der aufgestapelte Torf muss längere Zeit austrocknen. Nach und nach wird das Feld unserer Stapel immer umfangreicher. Die einzelnen Stapel stellen wir aus immer fünfzig Steinen auf. Jeden Morgen zu Beginn wird auf die letzte Reihe ein Zeichen gesteckt, um abends die neuen Reihen exakt abzuzählen. Danach errechnen sich unsere Prozente.

Wie bei jeder Arbeit spielen wir uns auch hier schnell aufeinander ein und können fast täglich unsere Norm sogar `über - erfüllen´. Gleich wird diese höher angesetzt. Doch einem pfiffigen `Wojna-Plennie´ macht man nichts vor! Sobald diese `Xantippe´ unsere Arbeit vom Vortag abgesteckt hat und außer Sicht ist, tunken wir unsere Mützen ins Wasser und gießen es über die zwei oder drei Reihen des letzten Tages. Die sehen dann so aus, als seien sie frisch gestapelt. Auf die Art erreichen wir unsere tägliche Norm spielend. Das geht so lange gut, bis eines Tages eine Gesamtzählung durchgeführt wird. Und prompt stellt sich heraus, es fehlen Tausende von Steinen. Man kommt uns schnell auf die Schliche.

Die Folge: Unserer täglichen Brotration werden von den sechshundert Gramm zweihundert abgezogen. Für uns eine harte Bestrafung. Wir werden deutlich strenger überwacht und müssen uns schwer anstrengen, unsere Norm nun tatsächlich zu schaffen. Geschafft werden muss sie, denn sonst gibt es abends kein Gramm Brot zum halben Liter

Wassersuppe. Da liegt eben der Knüppel genau beim Hund. Es heißt also weiterschuften. Und Torfstechen geht nun mal mächtig auf die Knochen!

Inzwischen wurde unser Lager aufgefüllt. Es liegt direkt an der Rollbahn von Lettland-Estland nach Leningrad. Weil es sehr weit nördlich liegt, wird es ab Mai fast überhaupt nicht dunkel hier. Gegen ein Uhr ist es noch schummrig. Ab zwei Uhr ahnen wir bereits die Morgendämmerung. Oft sitzen wir nachts vor unserem Zelt und sehen, staunend und ergriffen jedes Mal von diesem Naturschauspiel, das ungewohnte Nordlicht. Die Sonnenuntergänge mit ihrem leuchtenden Abendrot sind für uns immer wieder ein ganz besonders überwältigendes Erlebnis.

Farben, wie wir sie nur von Bildern kennen. Einzigartig! Kaum können wir es glauben: Solche strahlenden Farben sollen natürlich sein? Gott sei Dank verlieren Menschen auch in einer so schweren Zeit und fremder Umgebung nie das Gefühl für die vielen kleinen und großen Wunder und Schönheiten der Natur. Das verleiht mir regelmäßig neue, dringend nötige Kraft für den nächsten Tag. Es versöhnt sozusagen das Böse mit dem Guten. Ja, wenigstens das können sie uns nicht auch noch nehmen!

Eines Nachts erwachen wir. Pferdegetrappel, ungewohnte Geräusche. Es kommen deutsche Truppen vorbei, während der Kapitulation in Kurland in Gefangenschaft geraten. Der überwiegende Teil blieb im Norden. Die Landser rücken in geordneten Bataillons- und Regimentsstärken an, zu Fuß mitsamt Tross und so weiter. Ein paar Tage lang ziehen sie an unserem Lager vorüber. Sie scheinen noch im Vollbesitz ihrer Kräfte zu sein, bei guter Verpflegung. Auch ihr Eigentum hat man ihnen bisher gelassen. Sie schauen uns an, mitleidig, als wollten sie sagen: „Wie kann denn ein deutscher Soldat sich dermaßen gehen lassen?“

Völlig heruntergekommen sehen wir aus. Zwar sind wir mittlerweile zu abgestumpft und apathisch zum Antworten, doch wir denken wohl alle das Gleiche: „Was wir lange hinter uns haben, habt ihr noch vor euch, Leute. Verlasst euch drauf!“

Als wir mittags von der Arbeit kommen, sitzen etwa dreihundert dieser Neuankömmlinge vorm Lagertor herum. Eine kurze Rast auf ihrem Marsch?

Aber nein! Als Verstärkung für uns hat man sie bestimmt. Wir gehen zu ihnen, geben ihnen den gut gemeinten Rat: „Falls ihr noch irgendwas an Sachen bei euch habt, gebt es lieber uns. Da drinnen werden sie euch gleich gründlich durchfilzen. Dann seid ihr sowieso alles los. Restlos! An die Russen.“

Lautes Gelächter. Sie hätten nichts zu verschenken, schon gar nicht an uns. Und sie würden sich doch gewiss nichts von denen abnehmen lassen. Wir würden ja sehen!

Da wir an dem Tag nicht mehr in den Torf gehen, werden wir Augenzeugen dieser Filzungen.

Mit Tornistern, Brotbeuteln und Wäschetaschen lagen sie vorm Tor. Jetzt gehört auch ihnen nur noch, was sie am Leib tragen. Sie sind genau zu dem geworden, was wir sind: Zu armen, wehrlosen Kriegsgefangenen.

An den ersten Tagen spucken einige noch ziemlich große Töne, jedoch sogar die werden schnell kleiner und stiller. Die Arbeit und täglich bloß drei halbe Liter Wassersuppe mit sechshundert Gramm Brot machen auch sie mürbe.

Sicher denken sie noch oft an unsere nur gut gemeinten Ratschläge. Aber nun ist es zu spät dafür.

Ihre Sachen werden von den Russen per Lastwagen abtransportiert. Jetzt sind wir alle gleich.

Ich werde zusehends weniger. Der sumpfige, feuchte Torfboden schwankt bei jedem Schritt unter mir. Ich bewege mich nur noch wie mechanisch. Ich hoffe nur noch, bald sei alles zu Ende. So oder so!

Da kommt beim Antreten zu der morgendlichen Zählung die Ärztin auf mich zu und bestellt mich sofort ins Revier. Sie schreibt mir ein neues Attest. Danach bin ich bloß noch geeignet für Arbeitsgruppe drei. Nur für leichte körperliche Arbeit.

Verpflegungsnormen für Kriegsgefangene

Ein Beitrag zur gerechten Beurteilung des Plenny-Schicksals

Die nachfolgenden Normen und Verpflegungssätze für Kriegsgefangene in der **UdSSR** sind von einem „Schwarzen Brett" eines Kriegsgefangenenlagers in Moskau abgeschrieben und in die Heimat mit herübergebracht worden:

Produkte	in Gramm für Mannschaften I	Dystrophiker II	Lazarettkranke III	Offiziere V
Brot 95 %	600	—	400	600
Brot 85 %	—	500	200	—
Graupen	90	70	70	100
Makkaroni	10	20	20	20
Reis	—	50	10	—
Frischfleisch	21	150	80	52,5
Fisch	81	20	20	77
Fett	—	30	—	40
Komb. Fett	15	13,4	30	—
Pflanzenfett	5	—	—	—
Schwarztee	—	0,5	0,5	1
Ersatztee	2	—	—	—
Zucker	17	30	20	40
Salz	30	20	20	20
Kartoffeln	600	400	300	400
Gemüse	320	250	200	200
Kernseife	300	300	300	300
Mehl 85 %	10	10	20	10
Backobst	—	10	10	10 nie erhalten
Frischmilch	—	300	200	— nie erhalten
Kartoffelmehl	—	5	5	—
Hefe	—	100	50	—
versch. Sorten Tabak	5	10	10	(15)
Hülsenzigaretten (Papirossi)	—	—	—	15 Stück *)
Streichhölzer	1,5	1,5	1,5	1,5 Stück
An Stelle von 30 g Fisch — 70 g Brot	70	70	70	70 g
An Stelle von 10 g Fett — (Pflanzen) — Sojamehl	30	30	30	30 g

*) nur 11 Stück erhalten

Der von diesen Verpflegungssätzen abgeleitete Speiseplan sah für den 3. Oktober 1947 wie folgt aus:

Morgens:

Sojasuppe: 0,8 l.

	Mannschaft Norm I g	Offiziere Norm V g
	g	g
Sojamehl	30	30
Fett	5	5
Gemüse (grüne Tomaten)	200	50
Salz	5	5

Mittags:

Mehlsuppe: 0,8 l

	Mannschaft Norm I	Offiziere Norm V
Mehl 96 %	40	40
Mehl 85 %	10	10
Fett	5	5
Gemüse (Kartoffeln, gr. Tom.)	220	50
Salz	5	5

Kartoffelbrei: 0,3 l

	Mannschaft Norm I	Offiziere Norm V
Kartoffeln	500	500
Fisch	79,7	101
Fett	5	5
Salz	5	5

Abends:

Mehlsuppe: 0,8 l

	Mannschaft Norm I	Offiziere Norm V
Mehl 96 %	60	80
Fett	5	5
Salz	5	5
Tee	1	1
Brot	600	600
Zucker	17	40
Tabak	5	—
Zigaretten	—	11 St.

Wir enthalten uns jeden Kommentars. Es erscheint jedoch notwendig, für eine gerechte Beurteilung des Schicksals der ehemaligen Kriegsgefangenen die obigen Tabellen, denen weitere hinzugefügt werden könnten, zu veröffentlichen. Es muß jedoch betont werden, daß die angegebenen Sätze nicht einmal eingehalten werden konnten, da hinsichtlich der Güte und der Menge der Lebensmittel oft Beanstandungen vorgebracht werden mußten. Es ist fernerhin ein offenes Geheimnis, daß ein nicht geringer Teil der Lebensmittel vom sowjetischen, aber auch vom eigenen deutschen Personal verschoben wurde.

9. Kapitel: Bibelstunde

Wir sind in Arbeitsgruppen eingeteilt. Zur Gruppe eins gehören die Kräftigen, Stämmigen.

Zur Gruppe zwei die nicht mehr sonderlich Belastbaren. Zur Gruppe drei die Halbverhungerten, also ich! Ich werde im Lager mit leichten Arbeiten beschäftigt. Oft gehen wir zur Kolchosenarbeit. Hier ist ein `Flintenweib´, so dumm wie breit, unser `Beschützer´.

Den Weg zur Kolchose mitten durch den Wald empfinde ich jedes Mal als das Schönste vom Tag.

Die Arbeit ist gut zu schaffen. Wir häufen und hacken die Kartoffeln. Rohe Kartoffeln erweisen sich als ein beinahe lukullischer Genuss.

Einer meiner Kolchosen-Kumpel ist Pastor. Auf unseren Wegen und während der Arbeit sprechen wir ausnahmsweise nicht vom Essen, Kochen und Backen, wie es sonst üblich ist. Denn die Lieblingsbeschäftigung eines jeden Hungernden ist nun mal, sich das vorzustellen, was er nicht haben kann. Es ist tatsächlich fast wie eine Sucht.

(*Viel später erst wurde mir klar, wie völlig normal diese Reaktion in unserer Lage gewesen ist.*)

Hans, der Pastor, will versuchen, im Lager für alle Interessenten abends Bibelstunden abzuhalten. Allen denen, die an Gott glauben, will er die Möglichkeit zum Beten geben, um darin einen Trost zu finden. Leider erinnert sich der Mensch zumeist nur in größter Not an seinen Glauben. Dann plötzlich soll Gott für ihn da sein. Er wird um Hilfe angefleht. Wenn man genug zu ihm betet, wird er schon helfen. Warum gibt es sonst einen Gott?

Im Kreis der engsten Kumpel nehmen wir das Gespräch auf. Nur eins belastet uns sehr: Offiziell dürfen unsere Treffen auf keinen Fall werden. Der Russe würde sie uns verbieten.

Den Dachboden der größten Baracke wählen wir für unsere heimlichen Gottesdienste aus.

Seine Bibel hat Hans durch sämtliche Filzungen retten können. Ein Kerzenlicht wird beschafft, und unser erster verbotener Abend startet. Um die zwanzig Mann sind zu uns gekommen.

Als wir uns nach über einer Stunde leise vom Boden herunter schleichen, fühlen wir uns als andere Menschen. Nun ist es ja nicht schwer, in einer solch traurigen Umgebung einen Menschen für etwas Positives zu gewinnen. Und Hans hat eine bewundernswerte Art, uns sogar dieses furchtbare Leben hinter dem Stacheldraht als auch wieder lebenswert erscheinen zu lassen.

Das Unerwartete geschieht: Wir Teilnehmer finden am zweiten Abend schon gar nicht mehr alle Platz auf dem Dachboden.

Noch etwas Interessantes erleben wir in diesem Lager: Mitten in der Nacht zerreißt ein Schuss die Stille. Ein fürchterliches Geschimpfe auf Russisch folgt. Ein Wachposten ist in die Küche gegangen und hat vom deutschen Nachtkoch etwas zu essen verlangt. Doch das wird ihm verweigert. Weil er den fluchenden Russen nicht allein besänftigen kann, ruft der Koch nach dem wachhabenden Offizier. Der schmeißt den Soldaten kurzerhand raus. Das heißt, er versucht es. Denn der Mann ergreift zwei lange Küchenmesser, um sich damit auf den Offizier zu stürzen.

Was bleibt diesem übrig, als von seiner Waffe Gebrauch zu machen. Er trifft den Soldaten in den Oberarm.

Wir sind nur sprachlos! Wo würde einer unserer Landser es wagen, sich gegen einen Offizier aufzulehnen! Hier ist das anscheinend nichts Ungewöhnliches?

In derselben Nacht gegen zwei Uhr steht plötzlich jemand neben meinem Nachtlager dicht am Zelteingang. Er weckt mich und den Nebenmann. Schnell sollen wir in die Küche kommen. Dort wartet ein LKW aufs Abladen. Von Brot! Wir hören nur das Wort `Brot´. Draußen sind wir.

Was anziehen müssen wir uns nicht. Wir schlafen in den Sachen, die uns jetzt noch gehören. Fünfhundert Brotlaibe! Unsere Hände zittern vor Freude. Erst als wir bereits die Hälfte abgeladen haben, fällt es uns auf: Zählen die Posten etwa gar nicht genau mit?

Mein Kumpel, nicht faul, wirft fix zwei Brote zur anderen Seite runter. In einen Graben. Keiner merkt etwas. Nachdem wir fertig abgeladen haben, schenkt der Fahrer jedem von uns einen dicken Brotkanten. Wir hauen eilig ab in unser Zelt. Doch sobald wir den LKW losfahren hören, müssen wir uns schleunigst unsere beiden Brote holen. Aber wie nachts im Lager herumlaufen, ohne dabei sofort entdeckt zu werden?

Auf allen Vieren robben wir los. Für ein Brot riskiert man alles! Stinkiges, abgestandenes Wasser erwartet uns im Graben. Das ist uns egal beim Berühren der nassen Brote. Ein wenig mit dem Rockärmel drübergewischt, und ein ganzes Brot liegt in unserem Schoß! Das muss schnellstens verschwinden, bevor es jemand merkt.

Heftig kauend und schluckend sitzen wir vorm Zelt, nach allen Seiten horchend. Kaum zehn Minuten später kann keiner uns diesen Mundraub mehr nachweisen. Schnaufend fallen wir auf unser Lager. Am Morgen erwache ich mit einem völlig ungewohnten Gefühl im Magen. Ich bin satt!

Habe keinen Hunger!! Ein neues, ein so sehr angenehmes Gefühl!! Unbeschreiblich gut tut mir das!

Kurze Zeit später muss ich mit ins Magazin, um Produkte in Empfang zu nehmen. Hier läuft es ähnlich ab. Eine Handvoll Margarine, eine Handvoll Schmalz in die eine Hosentasche. Ein getrockneter Fisch wandert ungesehen ins linke Hosenbein, Zucker und `Machorka´ in die andere Hosentasche. Ohne Rücksicht auf Verluste, wie wir es ausdrücken! Im Zelt sortieren wir unsere Schätze. Alles schmeckt uns wunderbar.

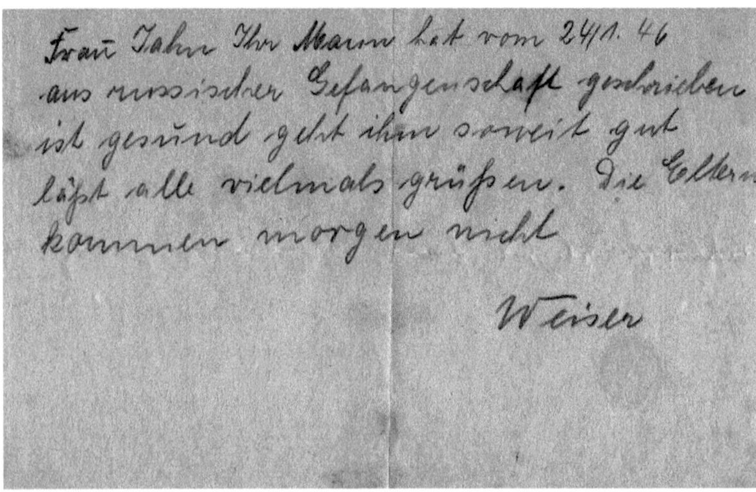

Frau Jahn Ihr Mann hat vom 24/1. 46 aus russischer Gefangenschaft geschrieben ist gesund geht ihm soweit gut läßt alle vielmals grüßen. Die Eltern kommen morgen nicht

Weiser

10. Kapitel: Rote Rüben und Pellkartoffeln

Meine Lagernummer hier ist die Nummer 77. Vorm Ausrücken zur Arbeit verliest die Ärztin ungefähr dreißig Nummern, die im Lager bleiben. Ich bin unter ihnen.

Wir sollen unsere `Sächelchen´ zusammenpacken. Eine Stunde später marschieren wir, die Arbeitsgruppe drei, in Richtung unseres Hauptlagers. Zurück nach Antroptschina.

Ungewöhnlich heiß ist es. Nur schleichend erreichen wir das Lager, - nach fast zehnstündigem Marsch in der prallen Sonne. Ein paar Tage dürfen wir uns erholen von der Anstrengung, ohne zu arbeiten.

Bei unserer nächsten `Vogelschau´, wie wir spöttisch die Arbeitsgruppen - Untersuchungen in kurzen Abständen bezeichnen, rücke ich wieder in die Gruppe zwei auf.

Splitternackt, befreit von sämtlicher Behaarung, sind wir den geilen Blicken der russischen Ärztinnen ausgesetzt. Beide Arme hoch! Immer wieder suchen sie nach unter dem Arm eingebrannten Blutgruppen. Ein letztes Relikt aus der Zeit von Hitlers gefürchteter SS. Daher der Name `Vogelschau´.

Ich bin dem `Kommando Papierfabrik´ zugeteilt.

Das Regiment in diesem Hauptlager ist ungewöhnlich streng. Der deutsche Lagerkommandant, ein ehemaliger Obergefreiter, fühlt sich als kleiner König und benimmt sich wie ein Zuchthausdirektor. Die meisten Gefangenen bemühen sich daher um einen Außeneinsatz. Bereits nach wenigen Tagen wird zu meinem Glück ein neues Außenkommando zusammengestellt, zu dem ich mich natürlich gerne melde.

Hundertfünfzig Mann gehen am nächsten Morgen wieder mal `auf Achse´. Ziel? Unbekannt! Erst am Abend landen wir in `Bandonia´. Hinter uns haben wir volle acht Stunden Fußmarsch in der Tageshitze.

Dieser kleine Ort liegt in der Nähe des Flusses `Newa´. Er besteht überwiegend aus einer größeren Fabrik.

Eine Sperrholzfabrik, und das Lager unmittelbar daneben. Zwei Wohnbaracken und eine Küchenbaracke. Alles macht einen unerwartet sauberen Eindruck. Je zur Hälfte sind wir Deutsche und Ungarn.

Die Ungarn glauben, wohl aufgrund ihres Nationalstolzes, etwas Besseres zu sein als wir Deutschen. Doch die Russen machen keinen noch so kleinen Unterschied, auch mit den `Austriziern´, den Österreichern, die ja niemals Deutsche waren.

Die sehr interessante Tätigkeit in der Papierfabrik macht mir viel Spaß. Das in den Sommermonaten durch Flößen angeschwemmte Holz wird im Winter mit der Bahn angeliefert. Allerdings ist bei minus dreißig Grad in der Nacht Holzabladen kein Vergnügen. In der Wäscherei oder den Pressenräumen arbeitet es sich deutlich angenehmer, dank der Wärme. Zum Kleben der einzelnen Sperrholzplatten dienen so genannte Etagenpressen.

Als ein Kommando gebraucht wird für die Kolchose der Fabrik `Maxim Gorki´, melde ich mich trotzdem dazu. Auf Kommandos ist nämlich meistens etwas zu `erben´.

Zu zehnt sollen wir im Ernteeinsatz antreten. Mit dem leichtem Marschgepäck erreichen wir das Ufer der Newa. Ein Kahn setzt uns über zu dieser Kolchose, direkt auf der gegenüberliegenden Seite. Ein netter russischer Posten begleitet uns. Eine Seele von einem Rindvieh! Für ein Glas Wodka oder für Milch und Kartoffeln lässt er sich sogar bestechen.

Im Hauptgebäude der Kolchose bringt man uns unter. Wir besorgen uns Stroh und richten uns schnell `häuslich´ ein. Unser Posten darf auf einem alten, wackligen Feldbett schlafen. Während der zehn Wochen erleben wir ihn kein einziges Mal, wie er seine stinkenden Klamotten vom Leib kriegt. `Gestiefelt und gespornt´ liegt er auf seinem Feldbett, direkt neben dem Ofen.

Nie zuvor habe ich mich als Landwirt versucht. Doch die Arbeit macht mir unerwartet viel Freude. Wir arbeiten nur mit russischen Frauen und Männern zusammen. Schon bald erobern wir die Herzen aller Frauen. Jedoch im Lauf der Zeit auch die der Männer. Sie vertrauen uns, schicken uns sogar ohne Aufsicht auf die Felder oder in den nahen Wald. Wir ernten Kartoffeln, Mohrrüben, Weißkohl. Vor allem Rüben. Rote Rüben, gelbe Rüben, Steckrüben … Hier wird kein Kohldampf geschoben! `Geschoben´ wird zwar fleißig, wir lassen uns bloß nie erwischen. Werden im

Schweinestall Kartoffeln gekocht, stecken wir uns erst einmal die Taschen voll. Ist im Kuhstall Milch zu stibitzen, sind wir da.

An einem Morgen schickt man uns zu dritt in den Wald zum Holzschlagen. Junge Bäume werden zum Isolieren der Scheunen benötigt. Man gibt uns ein Pferdegespann und den benötigten Ausweis. Auf halbem Weg finden wir einen alten Eimer. Der muss natürlich mit. An einer Kartoffelmiete füllen wir ihn bis obenhin. Als gutes Frühstück in Form von größeren Mengen Pellkartoffeln an unserem Ziel. Rasch sammeln wir genug Brennholz. Der Eimer wird luftdicht verschlossen. Das ergibt überm Feuer die köstlichsten Pellkartoffeln, auch ohne das nötige Wasser.

Die Arbeitseinteilung sieht so aus: Nummer eins besorgt neue Kartoffeln fürs zweite Frühstück. Nummer zwei und drei schlagen die gewünschten Bäumchen. Unser Wagen ist schnell voll geladen, während die zweite Kartoffelration noch für ein ziemlich frühes Mittagessen vor sich hin gart. Für kurze Zeit vergessen wir drei, dass wir eigentlich als Kriegsgefangene hier arbeiten.

Mittags essen wir gleich noch einmal dort, wo sich die Russen ihre Mahlzeit holen. Täglich steht `Kapustasuppe´ auf dem Speiseplan. Hinterher `Kartoffelkascha´, - dazu gibt es einen Viertelliter von der köstlich-frischen Milch. Ihre elende Kapustasuppe können sie meinetwegen selber essen. Wichtig ist uns vielmehr die sahnige Milch.

Mit meinem Kumpel John Kohrs entwickeln wir ein recht simples Verfahren: Wir holen uns zuerst die Suppe, von der wir einen Rest im Kochgeschirr lassen. Dann lassen wir uns Kasch und Milch einfüllen. Jeder spült sein Kochgeschirr mit Suppe aus, um danach einen zweiten Schlag Kasch und noch einen Viertelliter Milch zu verlangen. Das läuft noch ein drittes Mal. Damit wir glaubhaft wirken, lassen wir ein paar Kohlreste über den Rand hängen.

Weil jedoch die Küche bloß pro Person einen Viertelliter Milch bekommt, ist für die letzten Russen bald der Milchvorrat aufgebraucht. Unserem Tun schiebt man leider einen Riegel vor durch Ausgabe von Essensmarken. Jetzt kann sich jeder nur noch einmal für seine Portion Kasch mit Milch anstellen. Aber wir ärgern uns kaum. Denn was wir bereits `intus haben´, kann uns kein Russe der Welt mehr wegnehmen.

Außerdem haben wir nach Feierabend Gelegenheit, im Ofen unserer Unterkunft zu brutzeln. Jeder hat dafür seine vorgeschriebene Zeit, und da schmort er sich, was er über Tag geschnurrt hat.

Einmal sollen wir nachts die Schweine, Kühe und Pferde mit einem Desinfektionsmittel abwaschen. Ein Heidenspaß für uns! Auch für die Tiere? Eine Kommission hat sich angesagt, ein Tierarzt mit zwei Helfern, die alle Kolchosen besucht. Der ausgesprochen deutschfreundliche Arzt hat vollstes Verständnis für unsere Lage und versorgt uns mit Machorka, dem starken, typisch russischen Tabak. Aus dem hochbegehrten Zeitungspapier drehen wir uns dünne Zigaretten. Und frische Milch gibt es. Die Kühe werden einfach in der Nacht nochmals gemolken.

Man muss in der Gefangenschaft am besten alles können. Das heißt, man braucht bloß zu sagen, man kann es. Am Sonntagmorgen, es hat schon geschneit, sollen zwei Fuhren Heu von einem Heuschober geholt werden. Wer kann so was? Wir, Karl Röher und ich, melden uns rasch. Karl hat das wirklich irgendwann mal gemacht, ich jedoch noch nie.

Karl meint, jedenfalls gehe das klar. Wir fahren los, jeder mit seinem Gespann. Zuerst seinen Wagen voll geladen, danach meinen. Zugbaum drüber, und schon geht ´s ab über Feld und Wiese. Ich halte krampfhaft die Zügel fest. Plötzlich ein Ruck nach links, - und meine Fuhre und ich landen dort im Schnee, wo das Gras gewachsen ist. Mein Kumpel lacht mich fröhlich aus, und wir laden die Fuhre von neuem. Ich erreiche den Pferdestall mit Mühe und Not. Hauptsache, das Heu ist in der Scheune! Zur Belohnung gönnt man uns, sozusagen als Bestarbeiter, einen vollen halben Liter Milch. Und obendrein Zigaretten!

Das kleine Kunstwerk: Die Zigarettendose

11. Kapitel: Braten und Brutzeln

Wenn uns auch so viel am Essen und Rauchen liegt, ist es doch jedes Mal das Schönste, draußen zu sein. Frei von Bewachern! Freiheit in Unfreiheit. Ganz weit weg vom normalen Trott.

Bevor das neue Korn eingefahren werden kann, muss dafür erst Platz geschaffen werden im `Magazin´. Eine große Scheune, wo alles eingelagert wird. Zu dritt werden wir morgens dorthin geschickt. Der Verwalter ist ein etwa siebzigjähriger Russe mit einem langen, grauen Vollbart.

Auf seine Anweisungen schaufeln wir das noch lagernde Korn in eine andere Box. Er sitzt dabei, gemütlich seine `Papirossi´ rauchend, vorm Scheunentor. Einer von den gemütlichen Russen. Kein Wort der Antreiberei.

Auf einmal hören wir draußen viele aufgeregte Stimmen durcheinander reden. Neugierig stehen wir am Tor und sehen am anderen Flussufer ein Haus in hellen Flammen stehen. So wie kleine Kinder um den Weihnachtsbaum benehmen sich die Russen. Unser `Opa´ erhebt sich sofort von seinem Platz, damit ihm dieses Schauspiel bloß nicht entgeht. Sollen wir so eine Gelegenheit ungenutzt lassen? Einer schiebt Wache am Tor, zwei gehen als Spähtrupp los und durchstöbern das Magazin.

Was wir alles finden! Vom Fass mit Sonnenblumenöl über Schmalz und Butter bis zu Zucker. Und sogar Honig. Echten Bienenhonig! Fleisch und gerupfte Hühner. Einfach alles, was unser Herz begehrt! Im Moment können wir nur das `einstecken´, was wir sofort in uns reinstopfen.

Müssten wir nicht nach Einbruch der Dunkelheit hier mal ungestört hinein? Jetzt heißt es schnell handeln. Oben im Dachgiebel öffnen wir die Fensterriegel. Das Fenster nur anlehnen! Als der Alte zurückkommt, arbeiten wir wie wild. Er merkt anscheinend nichts. Ganz im Gegenteil! Sobald wir Feierabend machen, steckt er uns noch etwas Kleie und Schrot zu, woraus wir uns als Abendessen ein Süppchen kochen können. Doch wem schmeckt schon sein Süppchen ungesüßt, wenn er genau weiß, wo Zucker und Bienenhonig stehen? Noch dazu unbewacht!

Eine günstige Gelegenheit kommt ja selten allein. Unser Bewacher ist zum Abendessen bei einer Russin eingeladen. Er sagt uns, wo er notfalls zu finden sei und dass es sicher später wird.

Er ermahnt uns natürlich, auch ja keine Dummheiten zu machen. Karl schleicht ihm hinterher, bis er im Haus von Tatja verschwunden ist. Flüsternd halten wir Kriegsrat. Jeder hat seine Aufgabe. An jeder einzusehenden Ecke steht einer von uns `Schmiere´. Unser Warnsignal ist ein Pfiff. Wir drei ziehen los.

In einer Kolchose ist nach 19 Uhr nur selten noch jemand außerhalb seiner Behausung anzutreffen. Der heute beinahe runde Mond strahlt sein helles Licht aus über Hütten und Häuser. Der Giebel mit dem bewussten Fenster liegt jedoch im Schatten. Auf dem Schweinehof wissen wir eine Leiter. Die zerren wir gemeinsam herbei. Meter für Meter, auf dem Bauch liegend. Im Nu ist sie am Giebel aufgerichtet. Zu zweit verschwinden wir durchs Fenster. Schon hat Karl die Leiter weggezogen und sich in einem Graben versteckt. Ungestört und bestens orientiert finden wir sofort `unsere´ Fässer, trotz der Dunkelheit. Am Koppel hängen uns fünf Kochgeschirre. Rasch sind sie bis zum Rand gefüllt mit leckeren Sachen. Am Band lassen wir sie eilig hinunter.

Karl verschwindet in zwei Gängen mit der Beute, die von den Horchposten begeistert in Empfang genommen wird.

Wir stopfen uns inzwischen die Jacken, Hosentaschen, Ärmel und Hosenbeine bis obenhin voll. Alles läuft exakt nach Plan. Es klappt sozusagen wie am Schnürchen. Die Leiter wird an ihren Platz zurückgeschoben.

Wie friedlich liegt die mondhelle Landschaft da. Als gäbe es nichts Böses auf dieser schönen Welt. Wir schleichen uns auf schnellstem Weg davon, so gut das mit unseren prall gefüllten Taschen geht.

Erst als wir beisammensitzen, das volle Kochgeschirr auf dem Schoß wie ein Kleinod, komme ich dazu, über das eben hinter uns Liegende nachzudenken. Hätte man uns dabei geschnappt! Bis zu fünfundzwanzig Jahren Haft, die wären uns sicher. Doch wozu wird man durch Entbehrung und ständig nagenden Hunger gezwungen! Auf jeden Fall genießt jeder von uns das Braten und Brutzeln auf seine Weise. Allein die Düfte sind eine unbeschreibliche Wonne!

Ja, was unserem Glück noch fehlt, das sind Kartoffeln. Mit Karl ziehe ich los zur Küche. Zwei Frauen schälen Kartoffeln für den nächsten Tag. Ihre kleine Tochter sitzt dabei. Mit der Bitte um ein wenig Wasser kommen wir schnell in ein reges Gespräch. Wir wissen, wie gerne diese Frauen `klönen´. Karl nimmt das Mädchen auf den Arm, tanzt mit ihr singend durch die Küche. Das gefällt ihnen. Inzwischen lasse ich etliche Kartoffeln in meine Taschen und Hosenbeine gleiten. Mal eine Handvoll aus der Kiste. Mal eine aus dem Kübel mit den geschälten Kartoffeln. Zu unseren Gunsten beleuchtet nur eine Kerze den großen Raum.

Als ich mich, höchst zufrieden mit mir in der wunderbar geglückten Aktion, kaum noch bewegen kann, gebe ich dem munter schwätzenden Karl ein kurzes Handzeichen.

Ein schneller Gutenachtgruß an Frauen und Kind, und wir trollen uns, - ich vorneweg, der Karl in Rückendeckung. Die anderen haben längst alles vorbereitet. Das große Schlemmen kann beginnen.

Wir verputzen alles gewissenhaft. Jeden noch so kleinen Krümel. Bis auf den Honig. Aber der schmeckt uns morgen auch noch. Alles andere muss verschwunden sein, bevor es womöglich entdeckt wird.

Plötzlich schlägt jemand mit lautem Knall unsere Tür auf. Wir hören Motorengeräusche. Ach, du lieber Himmel! Was hat das zu bedeuten? Uns wird reichlich schwummrig. Ich erkenne einen der Wachposten aus der Sperrholzfabrik. Das kann also nichts mit dem Magazin zu tun haben. Nein, wir sollen augenblicklich in die Sauna gehen. Wir sehen uns erschrocken und verwirrt an. Was soll das jetzt, schon fast in der Nacht? Karl schaltet als erster und saust los, um unseren zu Abend essenden Posten herbei zu pfeifen. Wie der fluchen kann!

Wir packen unsere Sachen, und nach kaum einer Stunde rollen die Lastwagen mit uns davon. Richtung Leningrad. Weil es in der Nähe keine Brücke über die Newa gibt, müssen wir einen ziemlich weiten Umweg fahren. Und während der längeren Fahrt können wir noch in Seelenruhe unsere restlichen Vorräte genießen. So satt waren wir ewig nicht. Japsen nach Luft und können uns kaum bewegen mit dem vollen Bauch. Im Lager begrüßen uns die Kumpel, ob wir aus der Sommerfrische kämen. So gut genährt und so erholt wirken wir. Dafür denken wir alle mit Grauen an die Fabrikarbeit, die uns hier erwartet.

Unsere Gedanken sind in den nächsten Tagen allzu häufig auf der Kolchose `Maxim Gorki´. Welche Russen wird man dort wohl verdächtigen, wenn sie unseren Diebstahl bemerken? Doch uns kann das so was von egal sein!

Noch in dieser Nacht werden wir in die Sauna geschickt. An Schlafen ist nicht zu denken. Ungefähr acht Kilometer entfernt vom Lager liegt die Sauna, direkt am Ufer der Newa. Nach langer Zeit werden wir wieder mal glatt rasiert. Auch zum gründlichen Waschen haben wir endlich die ausgiebige Gelegenheit, denn heute sind wir die letzten aus dem Lager. Sonst sind wir sogar in der Sauna gewöhnt an das lästige „Dawai! Dawai!“ - Geschrei.

Endlich fühlen wir uns wieder als Menschen. Wir hoffen, bei unserer Rückkehr ins Lager geht es auf die Kolchose. Leider hoffen wir vergeblich, denn dort ist die Arbeit für uns inzwischen beendet. Morgen geht es für uns in diesem Lager weiter.

Mich kommandiert man ab in die `Sägerei und Tischlerei´.

Aus Sperrholz werden Tische und Stühle hergestellt. Die Platten müssen in Formen gepresst und zu schwungvollen Tischbeinen zersägt werden. Eine Stanze wird mein neuer Arbeitsplatz. Und meine Aufgabe: Rosetten als Unterlegscheiben bei Lichtschaltern.

Diese Arbeit gefällt mir gut, sitze ich dabei doch mit dem Hintern fast auf der Heizung. Allerdings gefällt die Wärme auch meinen Läusen. Sie entwickeln sich mehr als prächtig.

Es dauert nicht lange und unser Brigadier, ein ehemaliger Lehrer aus Ungarn, wird abgelöst, denn er wird als stellvertretender Lagerkommandant eingesetzt. Ich falle aus allen Wolken, als ich am Abend zum Kommandanten gerufen werde. Er teilt mir mit, ich solle die Brigade übernehmen. Als Brigadier! Gleich am anderen Tag. Nanu! Wie kommt er ausgerechnet auf mich? Ein so zuverlässiger Arbeiter bin ich bestimmt nicht.

Wie sich herausstellt, habe ich es nur der persönlichen Sympathie des Ungarn zu verdanken, der mich als seinen Nachfolger vorgeschlagen hat. Später sitzen wir oft abends in seiner Bude zum zwanglosen Gespräch zusammen oder spielen eine Partie Schach. Er ist ein fabelhafter Mensch, sehr anständig uns Deutschen gegenüber. Dabei war ich bisher auf seine ungarischen Landsleute nie allzu gut zu sprechen.

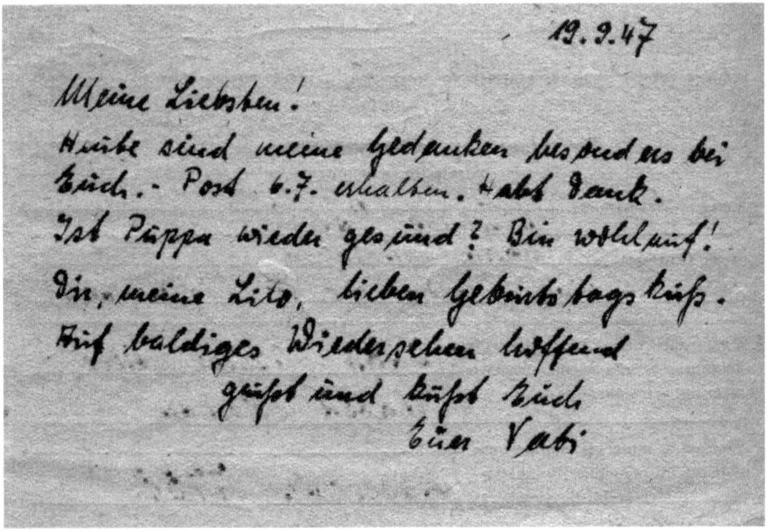

19.9.47

Meine Liebsten!
Heute sind meine Gedanken besonders bei Euch. - Post 6.7. erhalten. Habt Dank.
Ist Püppa wieder gesund? Bin wohlauf!
Dir, meine Lilo, lieben Geburtstagskuß.
Auf baldiges Wiedersehen hoffend
grüßt und küßt Euch
Euer Vati

12. Kapitel: Kasein, gekocht und roh!

In der Tischlerei arbeiten wir in drei Schichten. Ich übernehme die Nachtschicht. Von zehn Uhr abends bis halb sieben. Mein fünfundzwanzig Mann starkes Kommando ist gemischt aus Deutschen und Ungarn. Mit allen komme ich prima zurecht, sogar mit den `Magyaren oder Madjaren´, wie sie sich nennen. Meine Aufgabe ist es, aufzupassen, dass alles fleißig arbeitet und keiner mal zwischendurch wegläuft. Zum Beispiel, um zu hamstern. Ich fühle mich allerdings als `der böse Aufseher´ nicht eben wohl. Also ist das ein wichtiger Grund für mich, das Hamstern für meine Arbeitskollegen regelmäßig selber zu übernehmen, damit jeder morgens seinen Anteil an Verpflegung in der Tasche hat. Hungrig arbeitet man ja wohl kaum besonders freudig.

Zum Kleben wird hier das Kasein verwendet. Wenn man dieses Kasein aufkocht und immer wieder von oben die Gelatine abfüllt, bis das Ganze klar wird, ist es essbar.

In den verschiedensten Variationen essbar. Ob es wirklich gut schmeckt, können wir schlecht beurteilen.

Uns zumindest schmeckt es nicht übel. Einmal mit Roten Rüben gekocht, einmal mit Kartoffeln.

Ja, sogar roh essen wir es, denn es füllt unverschämt den Magen. Da es jedoch dort nach quillt, haben wir oft einen Riesendurst. Ich habe fast immer das rohe Zeug in meinen Hosentaschen und kaue ständig darauf herum, fast wie auf Kaugummi.

Vor dem Schuppen, einem Pfahlbau, in dem das Kasein gelagert wird, führt eins von diesen `Flintenweibern´ die Aufsicht. Ihre eigenen Landsleute klauen noch schlimmer als wir Kriegsgefangenen. Müssen sie das Zeug kaufen, bezahlen sie dafür stolze fünf Rubel pro Kilo.

Ich soll also die Alte so gut wie möglich ablenken. Wenn es mir nicht zu kalt ist, setze ich mich immer mal zu ihr auf ein Schwätzchen. Am liebsten hört sie mich von meiner Heimat erzählen.

Die Zeit nutzen die Kumpel, um von unten das Lager mit Draht anzubohren. Kräftiges Stochern. Und schon läuft das flüssige Kasein wie durch eine Wasserleitung in unsere eigens dafür hergerichteten kleinen Stoffbeutel. Werde ich durch ein Zeichen von der geglückten Aktion informiert, ist auch meine Plauderstunde rasch beendet.

Als eines Tages der Magazinverwalter in das Kasein-Lager kommt, findet er, natürlich total überrascht, nur acht leere Säcke vor. Dabei hat er als einziger den Schlüssel. Als man uns bald auf die Schliche kommt, werden im Schuppenboden feste Eisenplatten verlegt. Trotzdem wird munter weiterhin Kasein geklaut. Dadurch werden die Filzungen im Lager schärfer. Wer mit Kasein erwischt wird, geht in den Karzer. Vom Schneider lassen wir uns kleine Säckchen nähen, die wir entweder um den Leib legen oder im Hosenbein aufhängen können. Morgens werde ich mit diversen solcher Säckchen ausstaffiert. Brigadiere werden nämlich nicht gefilzt. Denen traut man eben so etwas Verwerfliches gar nicht zu. Unter dem dicken Mantel fallen die Beutel keinem auf.

Bei unserer Ankunft in der Tischlerei mache ich mit dem Wachhabenden meine Scherze und entlocke ihm ein paar Zigaretten. So lässt er uns unkontrolliert durch. Das Lager ist dann bereits leer. Wir haben reichlich Zeit zum Kochen.

Es ist inzwischen sogar beinahe üblich, die Teile eines Tisches oder Stuhles aus der Fabrik herauszuschmuggeln, um sie im Lager zusammenzusetzen. Wir besorgen uns Farbe und haben zum Weihnachtsfest 1945 in jeder Brotgruppe einen nagelneuen Tisch und mehrere Stühle stehen. Es tut richtig gut, nicht immer nur auf seiner Pritsche sitzen zu müssen. Unsere Baracke sieht jedenfalls einigermaßen passabel und direkt ein wenig weihnachtlich aus.

Eines Morgens ist hoher Besuch angesagt. Zur Lagerbesichtigung! Ein höherer Offizier mit seinem Stab gibt uns die Ehre. Der Fabrikdirektor führt ihn durch die Baracken, und der Offizier staunt nicht schlecht über diese schöne Einrichtung. Leider zeigt er sich uns nicht als deutschfreundlich und total verständnislos für unsere Mühe. Gleich nach der Besichtigung werden vier Lastwagen voll mit Tischen und Stühlen abgeholt. Unsere gemütlichen Ecken sind wieder kahl und leer. Genau so leer fühlen wir uns, als das neue Jahr beginnt.

Der Winter wird im neuen Jahr kälter und kälter. Wir sind von hohem Schnee umgeben.

Es erreicht uns kein Schiff mehr mit Holz. Die Eisenbahn kommt recht oft mit Verspätung, so dass die Arbeit in der Tischlerei häufig unterbrochen werden muss.

Uns schickt man daher zu anderen Kommandos: Häuserbau, Aufräumarbeiten und ähnliches.

Nach einem langen, für uns besonders harten, meistens mühseligen Winter beginnt endlich das Frühjahr. Es ist das Jahr 1946. Für uns kommt die Zeit der neuen Hoffnung. Werden wir in dem vor uns liegenden Jahr die Heimat wiedersehen?

13. Kapitel: Wundermittel Brennnesseln

Das grelle Licht durch die Sonne und den Schnee macht mir zu schaffen. Als ich eines nachts mal wieder raus muss zur Latrine, was in dieser kalten Zeit mehr als zehn Mal vorkommen kann, finde ich meinen Rückweg nicht mehr zur Baracke. Ich bin plötzlich vollkommen nachtblind. Sobald es anfängt, dämmrig zu werden, sehe ich kaum noch etwas.

Das ist eine furchtbare Quälerei. Die Ärztin empfiehlt mir dagegen die Heilkraft der Brennnesseln. Denn sie sollen die besten Vitamine für die Augen enthalten. Klingt gut, aber woher nehmen? Erst als der Schnee langsam weg schmilzt und erstes Grün durchdringt, gehen wir auf die Suche. Ich marschiere nur noch Brennnesseln suchender Weise durch die Gegend. Ich esse sie tatsächlich roh!

Der Rat der Ärztin hilft mir nach kurzer Zeit spürbar. Und nach etwa acht Wochen kann ich auch im Dunkeln allmählich wieder alles erkennen. Mein Beispiel dieser `Wunderheilung´ macht Schule. Das ganze Lager bekommt ab sofort gekochte Brennnesseln serviert. In der Suppe. Das ist ein Befehl! Suchen und pflücken dürfen wir die natürlich selber, - ohne Handschuhe. Aber auf brennende Finger kommt es jetzt auch nicht mehr an. Hauptsache, die Nesseln helfen unserer Gesundheit.

Ein Zehn-Mann-Kommando wird also täglich losgeschickt zum Suchen. Jeder hat einen ganzen Sack voll Brennnesseln heimzubringen. Für tausend Kriegsgefangene sind zehn volle Säcke gar nicht viel.

Die Schuld an meiner Nachtblindheit gebe ich insgeheim aber dem Kasein. Leider darf ich das der Ärztin ja nicht beichten. Jedenfalls kann sie mich inzwischen wieder zur

Arbeitsgruppe drei schreiben, und ich werde tagsüber im Lager beschäftigt.

(*Wie oft denke ich an diese kluge Ärztin zurück, wenn ich mit Frau und Tochter in jedem Frühjahr Tüten voll mit jungen Brennnesseln heimbringe. Für köstlichen Brennnesselspinat! Wovon wir damals allerdings nur träumen konnten, waren dazu die leckeren Spiegeleier. Also Frühlingsvitamine pur*!)

Nicht nur Bäume und Blumen fangen im Frühjahr an zu sprießen. Auch die Tierwelt erwacht zu neuem Leben. Vor allem unsere lieben Haustierchen! Wenn uns tagsüber nur die Läuse nicht zur Ruhe kommen lassen, kommen in der Nacht die Wanzen dazu. Vorm Schlafengehen noch mal eben hundertfünfzig Läuse zu knacken, ist fast normal.

Mit einer Großoffensive gehen wir den Viechern zu Leibe. Statt zu arbeiten, räuchern wir drei Tage lang das Lager gründlichst aus. Per LKW werden wir in die größte Sauna der Umgebung gefahren, nach Kolpino. Eine sehr gute, besonders saubere Sauna.

Nie mehr habe ich eine so intensive Entlausung über mich ergehen lassen müssen. Unsere Kleidung ist kochend heiß. Während der einstündigen Rückfahrt bei noch mehr als minus 10 Grad sind wir lange ungewohnt `schön warm angezogen´. Mit dem Tag sind sämtliche Läuse schlagartig verschwunden. Auch die zäheren Wanzen werden deutlich weniger. Nach langer Zeit können wir endlich wieder ruhig durchschlafen.

Durch die Entlassung und Demobilisierung der `Roten Armee´ kehren immer mehr Zivilisten an ihre Arbeitsplätze zurück. Eines Tages braucht man uns deutsche Kriegsgefangene nicht länger hier in Bandonia. Wir werden zurückgeschickt ins Hauptlager Antroptschina. Natürlich - wie gewohnt - zu Fuß. Dort bleibe ich jedoch nur wenige Tage.

14. Kapitel: Fünfundzwanzig Worte in die Heimat

Eltern Frieda und Walter Jahn

Eine unverhoffte Freude erleben wir im März: Wir dürfen zum ersten Mal an unsere Angehörigen schreiben. Wenn auch später nur ganze, streng abgezählte, fünfundzwanzig Worte auf einer Feldpostkarte.

Von jetzt an ist uns gestattet, jeden Monat so eine kurze Karte in die Heimat zu schicken. Für mich ist das jedes Mal ein ganz besonderer Freudentag. Tagelang vorher überlege ich mir meine fünfundzwanzig Worte äußerst gründlich, immer wieder von vorne, bis ich sie endlich aufschreiben darf. Wie wenig und doch wie viel können fünfundzwanzig Wörter sein. Ich benutze natürlich den allerkürzesten Telegramm-Stil, lasse jedes überflüssige Wort beiseite.

Mir sind alle meine Angehörigen so deutlich vor Augen, als stünden sie neben mir. Als würde ich zu ihnen sprechen über die dreitausend entfernten Kilometer hinweg.

Die erste Feldpostkarte schicke ich am 24. Januar 1946 los:

„Meine liebste Lilo und Gunhild!

Endlich darf ich euch von mir ein Lebenszeichen zusenden. Befinde mich in russischer Gefangenschaft und bin gesund und munter. Wie wird es euch gehen, meine Lieben?

Was machen alle unsere Lieben?

Vor allem unsere Gunhild? Hoffentlich seid ihr bei bester Gesundheit. Wie habt ihr das Weihnachtsfest verlebt? In Gedanken bin ich stets bei euch und hoffe auf ein baldiges, gesundes Wiedersehen …"

Wie es mir tatsächlich geht, will und darf ich ja nicht schreiben. Wozu soll ich meine Familie unnötig aufregen und mit Klagen belasten?

Meine zweite Karte geht an die Schwiegereltern in Jena, mit der dringenden Bitte, sie bald weiterzugeben an meine Eltern und Schwestern. Wo ich bin, sollen sie wissen. Und natürlich, dass es mir sehr gut geht. Eben den Umständen entsprechend. Werden sie mir das wohl glauben?

(*Jahre später wunderte ich mich noch manchmal, wie es mir damals gelungen ist, in dieser allerknappsten Kurzform so eine Menge Informationen unterzubringen.*
Mein braves Weibchen hat natürlich jedes noch so kleinste Lebenszeichen gehortet von ihrem geliebten `Jonny´, wie ich in Hamburg nur hieß.)

Ein Kommando aus einem Maurer, einem Maler und drei Handlagern, also Hilfsarbeitern, wird zusammengestellt.

Der Direktor der Papierfabrik hat sich in `Puschkin´ ein altes Haus wieder herrichten lassen. Wir sollen die Innenräume mit Putz und Stuck versehen und sie anstreichen. Eine ältere Frau holt uns vom Lager ab, um mit uns per Zug nach Puschkin zu fahren. Das sehr hübsche Städtchen, fast zu vergleichen mit `Sanssouci´, gehört zu Leningrad.

Wir dürfen uns einen Raum in dem Haus gemütlich herrichten mit Feldbetten, Tisch und Stühlen. Das Zimmer hat einen großen Balkon zur Straßenseite, auf dem wir unsere Mahlzeiten einnehmen können, denn es ist Mai. Der schon recht warme und sonnige Wonnemonat Mai 1946.

Es dauert nicht lange, bis die Nachbarschaft uns kennt, einschließlich der Miliz von Puschkin. Oft geht abends die ältere Frau mit uns spazieren durch die Parks und Anlagen. Oder wir sitzen mit den Nachbarn im Hof zusammen und erzählen mit Händen und Füßen. Sie hören stundenlang begeistert zu, was wir ihnen über unsere deutsche Heimat berichten. Hier dürfen wir sie das erste Mal verspüren, eine Art Geborgenheit.

Ich fühle es, wie gerne diese netten Menschen uns helfen würden, wenn es in ihrer Macht stünde.

Alle paar Tage kommt der verantwortliche Ingenieur aus der Fabrik vorbei, um uns zu kontrollieren. Voll des Lobes meint er: „Pa-malo!" Immer hübsch langsam! Hauptsache, wir machen alles ordentlich. Für uns ist es ein Gefühl wie im Urlaub, trotz der Arbeit.

Als einmal der Russe wiederkommt, sitzen wir gerade beim Essen auf unserem Balkon. Er setzt sich zu uns und sagt zu mir: „Nu, Gunter, kak Kurot!" Was meint er damit? Nach einigem Hin und Her komme ich doch dahinter:

„Wie im Kurort!" Auf Russisch heißt `wie´ nämlich `kak´.

Inzwischen spreche ich schon recht gut Russisch, aber der `Kurot´ ist mir neu.

Das gibt Gelächter. So vergnügt unterhalten wir uns, dass wir darüber kaum an unsere Arbeit denken. In unserem grauen Alltag gibt es also auch schöne Tage. Die warme Maiensonne lässt es uns fast vergessen: Die Heimat ist dreitausend Kilometer entfernt.

Unsere Tage hier gestalten wir so positiv wie möglich. Hunger kennen wir in diesem Haus nicht. Sogar die Frühstückszeit halten wir ein, wie es zu Hause `am Bau´ üblich ist. Dafür versorgen uns zum großen Teil die Nachbarn. Sogar Töpfe und Schüsseln stellen sie uns zur Verfügung, denn wir kochen selber.

Die alte Dame unterstützt uns dabei großzügig. Nein, längst nicht für alle Russen trifft es zu, dass die Kriegsgefangenen schlecht behandelt werden. Für uns eine wichtige Erfahrung nach allem, was wir hinter uns haben.

Leider geht immer das Schöne am schnellsten zu Ende. Nach sechs Wochen ist unsere Aufgabe in Puschkin erfüllt. Die beiden Handwerker haben Qualitätsarbeit geleistet.

Bevor wir abfahren, gibt es noch für jeden einen Schnaps und eine Schachtel Zigaretten.

Alle Nachbarn kommen zum Abschied und schütteln uns die Hände, begleitet von den allerbesten Wünschen für uns. Und für die Zukunft unserer beiden Länder.

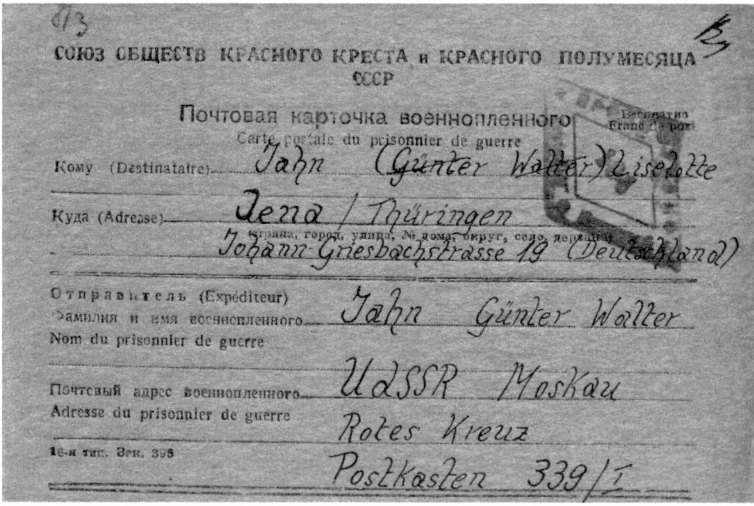
813

СОЮЗ ОБЩЕСТВ КРАСНОГО КРЕСТА и КРАСНОГО ПОЛУМЕСЯЦА СССР

Почтовая карточка военнопленного

Carte postale du prisonnier de guerre

Бесплатно / Franc de port

Кому (Destinataire) Jahn (Günter Walter) Liselotte

Куда (Adresse) Jena / Thüringen

(страна, город, улица, № дома, округ, село, деревня)

Johann-Griesbachstrasse 19 (Deutschland)

Отправитель (Expéditeur)
Фамилия и имя военнопленного
Nom du prisonnier de guerre Jahn Günter Walter

Почтовый адрес военнопленного
Adresse du prisonnier de guerre UdSSR Moskau
Rotes Kreuz
Postkasten 339/I

16-я тип. Зак. 395

15. Kapitel: Post aus der Heimat!

Wie sehr sehnen wir uns danach, nun auch endlich Post von unseren Lieben zu erhalten.

Es ist der 21. Juni, genau mein 25. Geburtstag, als wir morgens zu zehnt wieder auf ein Kommando geschickt werden. Zum Häuserbau nach St. Paulus. Wir warten auf den LKW, der uns abholen soll. Gerade kommt uns der Dolmetscher entgegen. Mit der ersten Post aus Deutschland, die das Lager erreicht.

Für mich ist eine Karte dabei. Der allererste Gruß aus der Heimat! Nach anderthalb Jahren. Mit Datum vom 9. März hat sie dreieinhalb Monate bis zu mir gebraucht. Meine Freude ist unbeschreiblich! Meine geliebte, schlaue Lotti hat einfach meine Karte durchgepaust und dann in winzigkleinen Buchstaben so viel auf der Karte untergebracht wie auf einem ganzen Brief.

So viel Neues! Ich kann es kaum fassen. Wie oft lese ich diese Karte, bis ich sie auswendig kann. Von unserer kleinen Gunhild lese ich, deren erstes Wort „Papa" gewesen sein soll. Von allen meinen Angehörigen. Ich atme auf, weil sie allesamt gesund und wohlauf sind.

Die größte Sorge ist mir damit genommen. Diese Ungewissheit ist es ja, die uns mürbe macht.

Vieles lässt sich leichter ertragen, wenn wir wissen, in der Heimat wartet die Familie auf uns. Fast jeden Monat kommt nun mein, jedes Mal ungeduldig erwarteter, Gruß von zu Hause.

Die Firma Scholtz schreibt an meine Frau:

„Es wird Ihren Gatten interessieren, dass wir unseren Betrieb in Hamburg aufrecht erhalten haben."

Welch eine wunderbare Nachricht!

Weniger erfreulich ist leider die Nachricht von meiner Schwester Hilla. Auch meine drei Hamburger Lieblingskollegen sind in Kriegsgefangenschaft geraten. Heinz Korth ist im Ural. Stephan Lochner in Italien. Günther Zierk hat es sogar bis nach Amerika und Großbritannien verschlagen Soll das etwa für mich ein kleiner Trost sein? Allerdings nur ein sehr schwacher. Werden auch sie alle drei noch am Leben sein?

(*Nach unser aller Heimkehr trifft sich unser Freundeskreis regelmäßig zum Erzählen. Dabei gibt es mehr zu lachen, als Schlimmes zu berichten. Denn natürlich tischen wir lieber die lustigen Episoden vor unseren ahnungslosen Frauen auf. Daran erinnern wir uns ja auch viel lieber*!)

Viel zu lange braucht die Post hin und her. Schon Ende August schicke ich meine guten Wünsche zum Geburtstag an Lotti los. Zum 7. November! Auch meine Weihnachtsgrüße schreibe ich Wochen vorher. Durch die häufigen Lagerwechsel verzögert sich die Zustellung noch extra.

Jede Karte, die ich zurück schreibe, trägt den Hoffnungsschimmer, die letzte zu sein. Allerdings macht mir das Schreiben einige Probleme, denn meine Brille ist mir bei einer der ersten Filzungen mit einem Karabiner von der Nase geschlagen worden. Eins der Gläser konnte ich noch retten. Ich schreibe also notgedrungen mit so einer Art `Monokel´. In Russland gibt es für uns keine Brillen.

Ich habe mich längst daran gewöhnen müssen, ohne sie auszukommen. Schon als Schuljunge musste ich sie wegen meiner Kurzsichtigkeit nämlich ständig tragen, da ich ohne sie ziemlich hilflos war.

Der LKW bringt uns heute mit zehn Mann zur Miliz nach St. Paulus. Ein Haus sollen wir dort bauen. Ein Holzhaus natürlich. Verlangt hat man zehn Spezialisten. Das heißt Tischler und Zimmerleute.

Nein, kein einziger von uns stammt aus dieser Berufssparte. Wir sagen nur immer fröhlich ja und sind guten Mutes. Es wird schon schief gehen!

Das Haus soll auf Pfähle gesetzt werden, nämlich dreißig Zentimeter über dem Erdboden. Als erstes legen wir das Fundament an. Alle zwei Meter soll ein 1,80 Meter langer Pfahl tief in die Erde eingegraben werden. Nämlich genau 1,50 Meter, und zwar so, dass noch dreißig Zentimeter aus dem Boden ragen.

Ein \`Natschalnik´, ein Ingenieur, überreicht uns seine Bauzeichnungen und gibt einige Anweisungen. Mit dem scheinbar größten Sachverständnis fangen wir an zu wirken. Unseren Ältesten ernennt er zum Bauführer und lässt uns schon bald allein arbeiten. Bald tauchen die ersten Russen aus den Nachbarhäusern auf und fragen nach Holz. Einer von uns hat den Gedanken: Es genügt doch, wenn der Pfahl dreißig Zentimeter in der Erde steckt. Hauptsache, er guckt auch die gewünschten dreißig Zentimeter heraus. Dieser Gedanke gefällt uns.

Bevor der nächste Pfahl in die Erde wandert, wird er in Windeseile gekürzt. Genau um einen Meter. Einer von uns ist sofort bereit, den Pfahl \`über den Ast zu schmeißen´. Weg damit zum Verscheuern! Der Lohn: Brot, Kartoffeln, Zigaretten, wie üblich. Wir anderen werfen inzwischen das Loch rasch zu. Noch die Erde festgestampft, und mit dem harten Untergrund dem Pfahl jegliche Bewegungsfreiheit genommen. Soll uns mal einer sagen, der wäre bloß fünfzig

Zentimeter tief in den Boden gerammt! Hauptsache, wir haben zusätzlich etwas zum Verzehren. Außerdem erfüllen wir ja unsere Tagesnorm bedeutend schneller. Abends ist bereits die Hälfte der insgesamt fünfzig Pfahlfundamente fertig.

Als unser Natschalnik zur Kontrolle kommt, ist er mit seinem mehrmaligen „Odschin karascho!“ vollkommen zufrieden mit unserer Arbeitsleistung.

Auch der zweite Tag vergeht in diesem flotten Tempo. Unser, mit seinen fast sechzig Jahren, Ältester wird zum Kommandoführer und gleichzeitig zum Polier bestellt. Von Beruf Landwirt kommt er am besten mit den Anordnungen für den Bau zurecht. Jedenfalls macht unser Bau schon bald erfreuliche Fortschritte. Mit Hilfe einer Wasserwaage und Eisenscheiben zum Unterlegen bekommen wir auch die richtige Waage heraus.

Verpflegen müssen wir uns hier selber. Wir kochen uns sozusagen unser `eigenes Süppchen´, zu jeder Mahlzeit. Bestens untergebracht sind wir im Haus der Miliz.

Nach Feierabend freunden wir uns mit diesen Russen an. Statt als Kriegsgefangene behandeln sie uns fast wie ihre eigenen Landsleute. Denn wir tragen ja, genau wie sie, russische Kleidung. So ist äußerlich zwischen uns und ihnen kein Unterschied zu erkennen.

Um die Mahlzeiten vorzubereiten, bleibt jeden Tag ein anderer zum Kochen in unserer Unterkunft. Als ich an der Reihe bin, soll es Graupensuppe geben. Mit Brennnesseln als Einlage. Am Abend vorher weiche ich die Graupen ein. Hundert Gramm pro Person. Morgens, als die anderen zur Arbeit ausrücken, setze ich den Topf aufs Feuer.

Zwischendurch mache ich unsere Räume sauber, halte ein Schwätzchen mit vorbeikommenden Leuten und habe recht viel Zeit bis zum Mittag. Das Haus liegt direkt an der Hauptstraße. Ich setze mich ans offene Fenster und rauche zufrieden mein Machorka - Zigarettchen. In dem Fünkchen Glut sehe ich oftmals ein Symbol für Wärme und Leben.

Auf der Straße ist immer etwas zu sehen. Interessant ist es für mich stets, das Leben und Treiben der Russen zu beobachten. Ein Herr nähert sich meinem Fenster, fragt, ob ich wohl ein `Njemtze´, ein Deutscher sei. Wir unterhalten uns eine Zeitlang angeregt, wobei er mir eine von seinen Papirossi anbietet.

Er möchte wissen, ob wir es sind, die das Haus bauen am Ortseingang. Als ich seine Frage bejahe, erkundigt er sich, ob wir nicht nach Feierabend noch Lust auf eine andere Arbeit haben. Natürlich gegen gute Bezahlung. Ich hake nach, was denn für uns zu tun wäre. Er will sich auch ein Haus bauen, und mit unserer Hilfe wird ihm das Ganze wesentlich billiger. Auf seine Frage nach meinem Beruf sage ich prompt: „Ich bin Ingenieur." Weiß ich doch, hier gibt es etwas für uns zu `erben´.

Da mir bis zum Mittagessen noch reichlich Zeit bleibt, melde ich mich beim wachhabenden Milizer ab, um den Mann in seine Wohnung zu begleiten. Er kramt sämtliche Zeichnungen über seinen geplanten Neubau heraus. Und verwickelt mich in eine lebhafte Diskussion, natürlich auf Russisch. Na, das klappt schon recht gut mit meinen paar Sprachkenntnissen. Meinem Gefühl nach verstehen wir uns glänzend.

Unterdessen bringt seine Frau Brot, Tee und Zucker. Auch Zigaretten. Und ich werde andauernd genötigt, doch bitte reichlich zu essen. Oh ja, ein unverhofftes zweites Frühstück lasse ich mir natürlich nicht entgehen und greife dankend zu. Offensichtlich macht den beiden mein mehr als guter Appetit viel Freude. Er war nämlich ebenfalls bis vor kurzem in Gefangenschaft und kennt daher das Leben in Deutschland. Beim Abschied verspreche ich ihm, mit meinen Leuten zu reden. Sicherlich verdienen die sich auch gerne ein paar Rubel nebenbei.

Ich bin fürs erste wieder einmal satt. Richtig schön satt! Wie ein Urlauber stolziere ich zurück zur Unterkunft. Ich allein auf offener Straße, zwischen lauter freien Menschen. Ohne Bewachung! Doch eigentlich sind die Russen gar nicht so viel freier als wir. Es ist jedenfalls nicht das, was wir unter Freiheit verstehen.

Meine neun hungrigen Mäuler erscheinen pünktlich zum Mittagessen. Dabei unterbreite ich ihnen meinen neuen, völlig überraschenden Geschäftsabschluss. Der Mann will uns pro Abend fünfzig Rubel für alle und dazu freies Essen gewähren. Klar, dass keiner dagegen ist. Sie meinen, ich solle am besten jeden Tag im Quartier bleiben und weiter solche Geschäfte ankurbeln.

Was nachmittags auf der Baustelle los ist, erfahre ich nur zur Hälfte. Auf jeden Fall gibt es einen Mordskrach mit dem Natschalnik. Weil außer mir keiner sich auf Russisch mit ihm verständigen kann, kommt er aufgeregt und stinkwütend zu mir, um sich zu beschweren. So faule Gesellen wie uns hätte er noch nie gesehen, schimpft er. Denn ausgerechnet heute ist er plötzlich auf der Baustelle erschienen, entgegen seiner Gewohnheit, erst am Abend aufzutauchen. Worüber er sich so sehr geärgert hat, weiß ich nicht.

Aber wenn ein Russe einmal etwas angeordnet hat, ist er davon durch nichts mehr abzubringen. Das haben wir längst erfahren müssen. Und heute ordnet er in barschem Ton an, wir sollen sofort ins Lager zurückfahren. Oh weh!

Ade, du mein schöner Auftrag zum Hausbauen! Ich lasse den Kopf hängen, doch was nützt mir das jetzt noch?

Zähneknirschend packen wir unsere Sachen. Als wir im LKW an unserer Baustelle vorbeifahren, atmen wir alle zehn auf. Ohne das geringste schlechte Gewissen. Wie schön stehen die Pfähle da in Reih und Glied. Aber das Brot, das wir uns mit ihrer Hilfe ergaunert haben, nimmt uns niemand mehr. Und ich bin zusätzlich bestens gesättigt von meinem unverhofften zweiten Frühstück.

Im Lager meint unser Kommandant schmunzelnd, das habe er kommen sehen. Er hat bereits eine neue Aufgabe für uns. Wir jauchzen vor Freude. Als Lagerarbeiter taugt keiner von uns. Am besten geht es uns, wenn wir etwas erleben können - und dabei `organisieren´!

Nach der Sauna machen wir uns bereit für das nächste Kommando. Jetzt sind wir zu zwölft.

Ein Convoi deutscher Kriegsgefangener, die Polizeigewalt über uns haben, ist auch dabei.

Das einzige Übel an diesem Kommando ist der Aufseher. Ein Polendeutscher, der jedoch nie Deutscher gewesen sein will. Mit uns spricht er bloß Russisch oder Polnisch. Auf Deutsch flucht er nur, und das mitunter heftig. Doch wir schaffen es, ihn uns passend zu `erziehen´. Und mit der Zeit wird er beinahe erträglich.

Auch dieses Kommando geht nach St. Paulus, in einen Wald am anderen Ende des Ortes. Eigentlich ist es eher ein großer Park, teils mit wunderschön gepflegten Anlagen, teils in seinem natürlichen Wuchs belassen. Ungefähr zu vergleichen mit dem Hamburger Stadtpark, jedoch viel weitläufiger. Mit zwei großen Seen, verschiedenen Teichen und reichlich Waldbestand.

In diesem Park, unmittelbar hinter der deutschen HKL, sind viele Bäume abgeschossen oder durch Bomben wie wegrasiert.

Hier unterstehen wir dem Forstamt. Unsere Aufgabe: Stubben roden und die Teiche von Holz und Unrat säubern. Wir sind untergebracht in kleinen Zwei-Mann-Bunkern, die wir uns nach unserem Geschmack herrichten dürfen. Für mich ist es die beste Unterkunft in meiner Zeit als Kriegsgefangener. Abends bleibt man je nach Laune für sich oder holt sich jemanden zum Klönen.

In dieser schönen Sommerzeit genießen wir besonders die frische Waldluft. Von morgens bis abends dürfen wir sie tief einatmen!

Unser russischer Posten verschwindet die meiste Zeit. Ab nach Leningrad! Taucht er mal auf, ist er in der Regel sturzbetrunken. Trotzdem ist er ein recht passabler Kerl. Er erlaubt sogar, nach Feierabend eine private Arbeitsstelle anzunehmen. Am nächsten Morgen will er dann allerdings haargenau wissen, wo wir waren und was wir dort verdient haben. Ist das seiner Meinung nach zu wenig, geht er sofort dorthin und holt sich den uns zustehenden Rest.

Um fünf Uhr beginnt unser Tag. Das wollen wir selber so, denn ganz früh ist die Luft immer noch am schönsten.

Gegen sechs Uhr früh gehen wir an unseren Arbeitsplatz. Immer zu zweit nehmen wir einen Stubben vor. Stammt der jedoch von einer dicken, uralten Eiche, brauchen wir die anderen zehn Mann zur Verstärkung. Wir wachsen zu einer prima Kameradschaft zusammen, der diese anstrengende Waldarbeit trotz der Härte viel Spaß macht.

Dazu kommt die private Abendbeschäftigung: Holzsägen, Kartoffeln hacken, Gärten in Ordnung halten. Bald sind wir bekannt im ganzen Ort, und alle akzeptieren uns voll.

Durch die Nebeneinnahmen haben wir regelmäßig und reichlich zu essen und können uns allmählich zurück entwickeln zu `normalen´ Menschen. Haben wir abends frei, organisieren wir uns auf den Feldern allerlei Essbares. Mohrrüben, Wruggen und ähnliches.

An einem Abend kommt unser `Emmes´, wie wir unseren Posten nennen. Er braucht unbedingt zwei Zentnersäcke Mohrrüben. Von Feldern, die bei Tag und Nacht durch berittene Kolchose-Aufseher streng bewacht werden. Wir kennen sie gut. Jedes Mal, wenn sie bei uns vorbeireiten, steigen sie vom Pferd, um sich eine Zeitlang mit uns zu unterhalten.

Regelmäßig verwöhnen wir sie mit einem Schlag Suppe aus unserer Küche, denn diesen armen Kerlen geht es ja fast schlechter als uns. Schnell freunden wir uns auf die Weise mit ihnen an.

Sobald es dunkel wird, ziehen wir zu viert mit Emmes los. Als wir den Posten begegnen, kann er sie in ein Gespräch verwickeln, zu dem sie ein kleines Lagerfeuer anzünden. Uns schickt er weiter, da wir angeblich noch Produkte fürs Lager holen müssen. Er selber wolle hier auf uns warten.

Die Nacht ist stockduster. Kaum sind wir ein Stück entfernt, huscht jeder irgendwo mitten ins Mohrrübenfeld. In Windeseile ist der Sack gefüllt. Mit den prallen Säcken über der Schulter kehren wir zurück. Emmes marschiert mit uns zum Lager, wie selbstverständlich. Eben erreichen wir die Bunker, da hören wir den Lastwagen vorfahren.

Ein Freund von Emmes holt unsere Beute ab, um sie nach Leningrad zu bringen. Da werden für das Kilo Mohrrüben zwei Rubel bezahlt. Jedem von uns drückt Emmes eine Schachtel Zigaretten in die Hand, und der Fall ist für uns und für ihn vergessen. Wir wissen natürlich von nichts!

Doch wir haben gelernt, wie einfach so eine Aktion durchzuführen ist. Warum das Ganze also nur für Emmes? Nein, das können wir auch ohne ihn. Zu dritt ziehen wir los, um Steckrüben zu holen. Auf dem bewussten Feld sind wir nicht allein. Drei umherhuschende Gestalten sind emsig dabei, Säcke zu füllen. In einen Graben geduckt schleichen wir uns so dicht wie möglich an sie heran. Ich kann ihr Flüstern hören. Es sind junge Russen. Wir lassen sie ungestört ihre Säcke voll machen. Plötzlich stürzen wir hervor, fluchen in russischen Schimpfwörtern hinter ihnen her. Denn sie nehmen schleunigst Reißaus, in wilder Flucht. Wir hören die Wachen pfeifen und hinterher galoppieren. Wir brauchen bloß die vollen Säcke zu schultern und sie in aller Ruhe heim zu tragen. Uns vermutet keiner als Diebe. Im Gegenteil! Die Posten berichten uns am nächsten Tag von dem nächtlichen Einsatz. Voller Stolz!

An einem Abend, bei der Heimkehr von einer privaten Arbeitsstelle, überrascht uns ein schweres Unwetter. Durch umgestürzte Bäume und große Wasserlachen verlieren wir völlig die Orientierung und verlaufen uns rettungslos. Wir gehen anscheinend immer wieder im Kreis.

Als wir in der Morgendämmerung endlich zu unseren Bunkern zurückfinden, atmet unser Convoi erleichtert auf. Hat sich wahrhaftig Sorgen um uns gemacht, der Ärmste.

Übrigens laufen wir während der warmen Jahreszeit nur barfuß. Wie schnell man sich und seine Fußsohlen auch daran gewöhnen kann!

16 . Kapitel: Pferdefleisch und Hurenweib

Es ist nach Feierabend. Die einen suchen im Wald nach Pilzen, die anderen auf den Feldern nach Kartoffeln. Wir schlendern gemütlich und ohne ein bestimmtes Ziel den Weg entlang.

Pferde kommen uns entgegen. Wir vermuten, ein Bauer treibt sie von der Weide in den Stall.

Als wir später vor unseren Bunkern herumsitzen, wo ein jeder seinen Abendschmaus herrichtet, traben fünf Tiere an unserem Lagerplatz vorbei. Noch denken wir uns nichts dabei. Erst als wir sie am anderen Tag immer noch herrenlos herumlaufen sehen, kommt uns der Gedanke:

Pferdefleisch, besonders Pferdefett, sollen eine besondere Delikatesse sein. Es ist schon Anfang Oktober und in den Nächten herbstlich kalt. Diese Pferde sind wohl auf der Suche nach Futter. Den besten Rappen locken wir an und legen ihm eine Schlinge um den Hals. Wir holen Heu für ihn vom Feld, und er bleibt völlig ruhig in unserer Nähe. Emmes fragt später nicht lange, was wir wohl mit dem armen Gaul vorhaben. Für unsere zwei gelernten Metzger ist das kein größeres Problem.

Unser Emmes opfert zwei Schuss Pistolenmunition, zwei Mann schaufeln eine Abfallgrube, zwei andere legen eine Vorratskammer an. An einem Graben treiben sie eine Art Stollen voran, den sie mit einer Falltür verschließen. Von außen bedeckt mit Grasplatten ist nichts Ungewöhnliches darunter zu vermuten. Der blutige Teil des Zerlegens bleibt mir und Karl als Handlager der beiden Metzger.

Kurz vor Mitternacht begann das Schauspiel mit zwei Pistolenschüssen. Bereits eine Stunde später ist davon nichts mehr zu hören oder gar zu sehen. In dieser Nacht genießen wir das beste Stück Pferdefleisch unseres Lebens.

`Kohldampf schieben´ müssen wir vorläufig nicht mehr. Mittags essen wir herrliche Suppen. Am Samstagabend und zum Sonntag serviert uns Ernst, unser `Küchenbulle´, immer etwas extra Leckeres. Es schmeckt allen ausgezeichnet. Wir erholen uns zusehends durch die kräftige Verpflegung.

Bis zum Ende dieses Kommandos reichen unsere Fleischvorräte. Zum Schluss können wir nicht mal mehr alles verzehren. Der Winter hält in diesem Jahr recht früh seinen Einzug. Bereits Ende Oktober ist deshalb unsere Arbeit hier beendet. Jedoch ins Lager können wir leider nichts mitnehmen. Die Reste holt sich unser Emmes und setzt sie teilweise um in Alkohol. Da er bald heiraten wird, sollte er sich rechtzeitig um einen größeren Schnapsvorrat sorgen.

So muss auch diese schöne Zeit zu Ende gehen. Im Lager fragt man uns, ob wir etwa zur Erholung fort gewesen sind. Gesund und braungebrannt stechen wir direkt ab von den blassen, abgemagerten Fabrikkommandos.

Leider heißt es jetzt auch für uns, im Lager zu bleiben. Unser gesamtes Kommando wird dem Außenkommando `z. b. V.´ (zur besonderen Verwendung) zugeteilt. Uns als gut Gekräftigte schickt man zum Transportkommando.

Vor kurzem sind aus Deutschland demontierte Maschinen einer Papierfabrik geliefert worden. Vor der Fabrik hat man sie am Bahndamm ausgeladen. Diese Maschinen sind verpackt in Holzkisten, die wir in die Fabrik transportieren sollen. Als Werkzeug gibt es nur Brechstangen und Rollen, sowie eine Zugwinde. Im Durchschnitt wiegt solch eine

Kiste fünf, die schwerste an die zehn Tonnen. Es ist schon ein hartes Stück Arbeit!

Zum Glück ist der Vorarbeiter ein schon älterer und sehr humorvoller Russe, der gut für uns sorgt. Er weiß immer genau, wo es Kartoffeln zu holen gibt. Einer von uns darf ständig ein Kartoffelfeuer in Gang halten. Wir sind ja durch die letzte Zeit ziemlich verwöhnt und stellen uns recht mühsam wieder um auf die magere Lagerkost. Wir verbringen diese Wintermonate bei zum Teil beißend strengem Frost.

Nachdem alle Maschinen eingebracht sind, helfen wir bei der Montage. Die spielt sich innerhalb der Fabrikhallen ab, wo es ja in einer Papierfabrik immer angenehm warm ist. Wir haben jedes Mal unsere Freude, wenn es eine weitere Maschine zu holen gibt. Eines Tages kommt ein Waggon mit Kaolin an zum Ausladen. Infolge der grimmigen Kälte ist das Zeug hart wie Stein. Jedes Stück wird mit einer Spitzhacke abgeschlagen. Eine `dolle Puhlerei´ ist das!

Unsere Aufseherin Natja, eine junge Russin, kann mich absolut nicht leiden, da ich fast als einziger meinen frechen Mund nie halten kann. Weil sie mich ständig regelrecht `trietzen´ will, platzt mir irgendwann der Kragen.

„Du … du blödes Hurenweib!“, schreie ich ihr mitten ins Gesicht.

Wie kann ich ahnen, dass ausgerechnet dieses Weib in Deutschland unsere Sprache perfekt gelernt hat?

Mit einem Besen rennt sie mir hinterher, im allerbesten Deutsch fluchend. Ihr Kopf gleicht einer Tomate.

Ich natürlich nix wie weg! Abends, als sie uns ins Lager zurückbringt, meldet sie uns wie üblich in der Wache an.

Dann wird meine Nummer ausgerufen, ich werde in den Wachraum zitiert. Sie wiederholt dort den ganzen `Salat´, bekommt natürlich Recht. Auf mich wartet die befürchtete, heftig gesalzene Bestrafung.

Der deutsche Lagerkommandant brüllt mich an, wie ich, als dreckiger, kleiner, deutscher Kriegsgefangener, mir eine solche Unverschämtheit gegenüber einer russischen Frau erlauben könne … Und dergleichen Anschuldigungen mehr.

Während der Außenkommandos standen wir ja weniger unter Kontrolle und konnten unsere Haare mal wieder wachsen lassen. Die werden mir zur Strafe sofort abrasiert.

Zwei Wochen lang darf ich nach Feierabend einen Wagen mit Scheiße voll laden. Meine Wut auf das `Hurenweib´ wächst mit jedem Abend. Aber auch das geht irgendwie an mir vorüber.

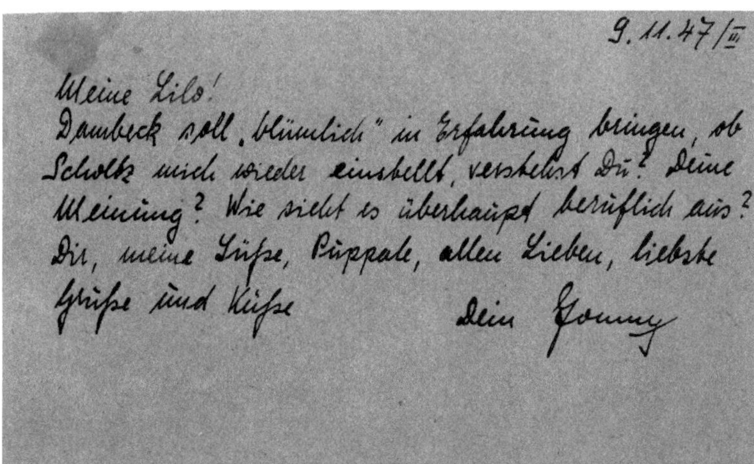
9.11.47/III

Meine Lilo!
Dambeck soll „blümlich" in Erfahrung bringen, ob Scholtz mich wieder einstellt, verstehst Du? Deine Meinung? Wie sieht es überhaupt beruflich aus? Dir, meine Süße, Püppale, allen Lieben, liebste Grüße und Küsse

Dein Jonny

17. Kapitel: Krätze-Quarantäne und Brotschneider

Der harte Winter Anfang 1947, die schwere Arbeit und die seelische Belastung des Lagerlebens, die Umstellung auf den Massenbetrieb, sorgen im Lauf der Monate dafür, dass ich allmählich wieder immer weniger werde.

Bei der nächsten Arbeitsgruppenuntersuchung schreibt die Ärztin mich erneut in die Gruppe drei. Nur für leichtere körperliche Arbeit. Hinzu kommt, dass gerade im Lager die Krätze auftaucht und die Belegschaft geschlossen in die Krätze-Quarantäne umziehen muss. Auf einer Stube liegen wir alle sechsundzwanzig, hübsch nebeneinander, wie die Heringe aufgereiht.

Jeder juckt und kratzt sich pausenlos. Mit einer eklig stinkenden, pechschwarzen Salbe rundrum eingeschmiert, sehen wir aus wie lauter Negerlein. Für mehrere Tage muss diese ekelhafte Salbe am Körper bleiben. Ein scheußlicher, fast unerträglicher Gestank! Zum Abwaschen bekommt jeder eine Büchse mit heißem Wasser. Was für eine Schmiererei! Wir atmen tief auf, als auch dieses Kapitel endlich vorbei ist.

Inzwischen ist aus mir wieder der typische Lagermensch geworden. Ich bringe nur noch ganze sechsundneunzig Pfund auf die Waage. Damit zähle ich zu den sogenannten `Dystrophikern´, der Gruppe von Fast-Verhungerten.

Werde zu besonders leichten Aufgaben herangezogen: Den Hof fegen, das Unkraut jäten und ähnliches.

Eines frühen Morgen ruft der Lagerkommandant meinen Namen aus. Was mag er von mir wollen? Meinen Beruf soll ich ihm sagen. Wie lange ich schon in seinem Lager bin. Er schickt mich zur Lager-Ärztin, der Sanitäter wisse Bescheid. Was gibt denn das jetzt, Günter?

Ich lasse mich überraschen. Der `Sani´ verrät es mir:
Ich werde als Brotschneider in der Küche gebraucht. Er stellt mich der Ärztin vor. Sie bestätigt meine unerwartete neue Aufgabe. Ich melde mich eilig beim Küchenchef. In der Kleiderkammer nehme ich sie in Empfang. Lauter schneeweiße Klamotten! Jacke, Hose, Mütze, erstklassige Unterwäsche, auch funkelnagelneue Schuhe. Es ist also alles vorrätig, - bloß nicht für einen, der schwer arbeiten muss.

Der Friseur behandelt mich wie ein rohes Ei, als ich ihm sage, was man mit mir vorhat. Frisch rasiert und manikürt fühle ich mich wie im feinsten Frisiersalon am Hamburger Jungfernstieg. Diese Prozedur lasse ich ab jetzt an jedem Morgen gerne über mich ergehen. Kann ich es doch selber kaum glauben. Ich ziehe um in die geheiligte Kommandiertenstube, wo man wahrhaftig in weißer Bettwäsche schläft. Das habe ich inzwischen geschafft!

Meine ganze Arbeit besteht aus nichts anderem als Brotschneiden. Pro Tag sechstausend Portionen zu jeweils zweihundert Gramm. Morgens, mittags und abends immer zweitausend Portionen. Zusätzlich das Normbrot. Täglich noch tausend Portionen von fünfzig bis zweihundert Gramm.

Wir arbeiten zu zweit. Einer schneidet morgens allein, der andere abends. Nur am Mittag schneiden wir gemeinsam. Zu Dienstbeginn empfiehlt mir der Küchenchef, mich erst einmal richtig satt zu essen. In aller Seelenruhe schaffe ich, vergnügt und voller Dankbarkeit, ganze anderthalb Kilo Brot mit Margarine und reichlich Zucker. Suppe wird in dieser Brot-Küche übrigens nicht gegessen, wegen des Wassers.

Jede von uns geschnittene Portion wiegen wir exakt ab. Dreimal am Tag kontrolliert die Ärztin das Gewicht. Es muss haargenau stimmen. Vor allem achtet sie penibel auf peinlichste Sauberkeit. Wir persönlich dürfen auch keinen Scheuerlappen anfassen. Zum Putzen sind extra zwei Leute da. Das Steckenpferd der Frau Doktor jedoch sind unsere Fingernägel, die `piccobello´ sauber zu sein haben.

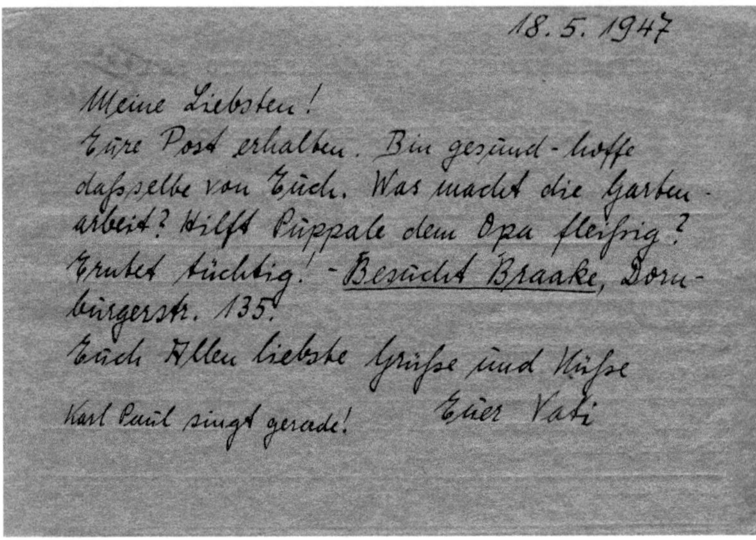

18.5.1947

Meine Liebsten!
Eure Post erhalten. Bin gesund - hoffe dasselbe von Euch. Was macht die Gartenarbeit? Hilft Püppale dem Opa fleißig? Erntet tüchtig! - Besucht Braake, Dornbürgerstr. 135.
Euch Allen liebste Grüße und Küsse
Euer Vati

Karl Paul singt gerade!

18. Kapitel: Hämorrhoiden und `Heimat ade!´

So verbringe ich einen wunderschönen Frühling und erhole mich langsam.

Keine Ahnung, woher sie kommen, ich leide jedenfalls urplötzlich an `Hämorrhoiden´. Ich wusste bis jetzt nicht, wie schmerzhaft die sich bemerkbar machen.

Bei einer gründlichen Untersuchung werde ich auf eine besondere Liste geschrieben. Seit Tagen geht im Lager ein Gerücht um: Alle, die auf dieser Liste stehen, sollen als Kranke heimgeschickt werden.

Parolen gibt es viele in einem so großen Lager. Doch ein Kompanieführer bestätigt es mir: Auch ich stehe auf dieser Liste. Schon morgen Mittag soll der Transport losgehen nach `Wollossowou´. Dort wird ein größerer Trupp zur Heimfahrt zusammengestellt. Ich kann es nicht glauben, erkläre ihn für verrückt. Ach, wenn das doch wahr würde! In der folgenden Nacht wälze ich mich in meiner schneeweißen Bettwäsche mit den wildesten Alpträumen.

Tatsächlich! Gleich in der Frühe werden wir aufgerufen zum Einkleiden.

Wir schreiben wieder den 21. Juni. Mein 26. Geburtstag! Ein schöneres Geschenk kann mir keiner machen. Vierzig Mann rollen auf einem LKW mittags durchs Lagertor. Großer Jubel und viele gute Wünsche begleiten uns. Immer wieder ruft jemand uns eine Adresse zu, damit wir in der Heimat bitte den Angehörigen Bescheid geben mögen. Wie unendlich glücklich dürfen wir sein! Unsere Vorfreude lässt sich mit Worten kaum ausdrücken. Fühlen wir uns wie früher als kleine Bübchen am Heiligabend?

Die Ärztin begleitet uns nach Wollossowou. Mit unseren Papieren. Erst gegen Abend erreichen wir den Bahnhof. Was wir hier wollen, werden wir erstaunt gefragt.

Auf unsere verwunderte Antwort, wir wollen nach Hause fahren, schaut man uns nur mitleidig an. Einen Tag früher hätten wir da sein müssen. Der gestern für uns vorgesehene Transport ist bereits pünktlich abgefahren. Und an unserer Stelle wurden vierzig, vor allem kerngesunde Männer aus dem Steinbruch abkommandiert und mitgeschickt, um die vorgeschriebene Zahl der Truppe voll zu machen.

Wir trauen unseren Ohren nicht. Das darf doch nicht wahr sein! Unsere Ärztin muss sich um einen Tag verrechnet haben. Unsere Enttäuschung ist unbeschreiblich. Heimat ade? Ist unsere verzweifelte Hoffnung umgeschlagen in hoffnungslose Verzweiflung? Durch nur vierundzwanzig kostbare Stunden? Wir sind mal wieder restlos bedient!

Keiner kann uns sagen, wann denn der nächste Transport zusammengestellt wird. Sollen wir hier auf ihn warten?

Oh, nein, man schickt uns ohne weitere Diskussionen weg zu einem Lager in der Nähe. Einfach so!

(*Wie maßlos enttäuscht waren vor allem meine sehnsüchtig wartenden Lieben in der Heimat, als ich ihnen unser entsetzliches Pech mitteilen musste. So sehr freuten sie sich doch auf meine, leider bloß `Beinah-Heimkehr´. Es sollte damals wohl einfach noch nicht sein. Ach, wie viel Arges wäre mir erspart geblieben. Nur wegen einem einzigen Tag Verspätung*!)

Da in meinen Papieren steht, dass ich zuletzt als Brotschneider gearbeitet habe, lande ich auch hier in der Küche. Diesmal als Hilfskoch. Mir ist es recht. So lebe ich mich im neuen Lager leichter ein. Leider dauert mein Glück nur kurz. Die nächste Untersuchung bringt mich in Arbeitsgruppe eins. Einen Tag später marschiere ich mit aus dem Lager. In den Steinbruch! Dieses Lager, das eigentlich ein Genesenden-Lager sein sollte, gehört zu einer Kalkfabrik.

Statt endlich glücklich und gemütlich daheim bei meinen Lieben zu sitzen, trotte ich jeden Morgen treu und brav zum Rabottieren in den Steinbruch. Noch nie habe ich Steine brechen müssen. Die für uns vorgeschriebene Norm: Dreieinhalb Kubikmeter innerhalb von acht Stunden.

Unter dieser Zahl kann ich mir zunächst überhaupt nichts vorstellen. Gleich nach der ersten Acht-Stunden-Schicht weiß ich es. Das heißt, keine kostbare Minute zu verlieren.

Ich schaffe es leider nie, meine Norm zu erfüllen. Daher steht mir abends kein Normbrot zu. Immerhin bis zu zweihundertfünfzig Gramm weniger zu essen! Nur mein oft tröstlicher Glaube an eine baldige Zukunft in der Heimat hält mich hier aufrecht.

Ich bin nicht der Einzige. Nachdem die Gesamtleistung im Steinbruch erheblich absinkt, startet man von russischer Seite aus ein neues Experiment. Sämtliche Funktionäre, wie der Antifa-Leiter, (unser Schulungsleiter zum Thema `Anti-Faschismus´), der Lagerkommandant, die Köche und so weiter, gehen morgens mit uns hinaus in den Steinbruch. Sie sollen uns beweisen, dass die Norm tatsächlich zu schaffen ist. Ist man ausgeruht und im Vollbesitz seiner Kräfte, ist das kein Problem. Im Gegenteil! Diese Herren empfinden es sogar als Ausgleich zu ihrer `sonst geistig minderbemittelten Arbeit´. Sie sind ja im Grunde nichts anderes als `Schreier´ der Russen.

Man weist ihnen natürlich die besten Bruchstellen zu. Und das Ergebnis kann sich wohl jeder bestens vorstellen.

Diese `Verräter´ erfüllen nicht bloß die vorgeschriebene Norm. Sie über-erfüllen sie. Mit einem Ergebnis von mehr als zwanzig Kubikmetern, statt der dreieinhalb. Das sind 600 bis 800 Prozent überm Soll!

Am Abend ist großes `Tam-Tam´ im Lager. Man krönt sie zu `Bestarbeitern´ und vergleicht sie mit uns. Uns, den `Schlechtest-Arbeitern´. Als Prämie erhalten sie fünfundzwanzig Rubel und Zigaretten. Dazu einen `Propus´, einen Ausweis, mit dem sie abends das Lager verlassen dürfen. Ausgang bis vierundzwanzig Uhr!

Infolge wird das neue Ergebnis als Grundlage genommen zur Festsetzung höherer Normen. Wie erleichtert kann ich bald von diesem Kommando Abschied nehmen.

Das neue Kommando baut Feldöfen. Die gebrochenen Steine fahren wir in Loren zur Fabrik.

Jede Lore fasst sieben Kubikmeter Steine. Zu viert müssen wir sie beladen, natürlich mit bloßen Händen. Die sind von den spitzen Steinen arg zerschunden. Abends spüren wir sie kaum noch nach dieser ausgesprochenen Strafarbeit. Die Norm ist, zwölf solcher Loren pro Schicht zur etwa achthundert Meter entfernten Fabrik zu schieben.

Wie oft entgleist ein Wagen auf den primitiven Schienen, und das Aufladen beginnt von vorne.

Dann kommt der Bau der Feldöfen. Im Stein eingebaute Öfen. Feuerlöcher, von oben mit Steinen gefüllt. So ein Ofen hat vier bis sechs Feuerstellen, mit einer Tiefe von circa fünf Metern. Ist der Ofen bis obenhin gefüllt, wird von unten geheizt, bis sämtliche Steine durchgeglüht sind. Rund um die Uhr. Im Schnitt werden die Öfen bis zu zwei Wochen unter Feuer gehalten.

Bei solcher enormen Hitze müssten wir logischerweise Asbestanzüge tragen. Wer kennt die jedoch in Russland?

Wir dürfen wenigstens dankbar sein für Asbesthandschuhe. Eine verdammt harte Schinderei ist das also!

Zwei Meter langes Klobenholz wird verheizt, dünneres würde zu schnell weg brennen. Ich bin zur Nachtschicht eingeteilt. Der deutliche Vorteil: In der Nacht lassen sich einfacher Kartoffeln organisieren. Die sind durch die Hitze in zehn Minuten gar. Eine hübsche Extraportion für uns Nachtarbeiter.

Das Abkühlen der Öfen dauert wiederum zwei Wochen, bis der Kalk abholbereit ist. Dieser Kalk soll wohl besser zu verarbeiten sein als normal gebrannter.

Es ist Spätherbst geworden. Von unserer Heimfahrt redet inzwischen niemand mehr.

Unsere weitere Arbeit besteht im Kalkverladen. Heißer Kalk wird aus den Fabriköfen sofort verladen in geschlossene Waggons. Nicht so wie bei uns daheim in Spezialwaggons. Nein, es sind einfache große Güterwagen.

Mit einem Fassungsvermögen von sechzig Tonnen.

Das Beladen geschieht vorsintflutlich mit Tragen. Zwei Männer für eine Trage, vier für einen Waggon. Solange nur der Boden des Güterwagens bedeckt wird, geht es gut, doch wehe, wir laden langsam höher. Fast bis unter die Decke werden die Waggons gefüllt. Dazu brauchen wir sechzehn Stunden, nur mit kurzen Zigarettenpausen. Gegen den Staub sollen uns Atemmasken schützen, die jedoch alle Augenblicke verstopfen.

Welche Gedanken einem bei solch stumpfsinniger Schwerarbeit kommen, kann nur einer nachempfinden, der sie selbst durchmachen musste. Mir ist wieder einmal alles egal. Ich grübele nur noch ständig darüber nach, wie ich es schaffe, irgendwie aus diesem Joch zu entkommen.

19. Kapitel: Marika und „Die Frau meiner Träume“

Schon bald kommt die Lösung wie angeflogen. Ich bin erkältet. Bei meinem `kleinen Geschäft´ ist die Idee da. Ich habe mir nämlich zusätzlich die Blase erkältet. Na, kein Wunder, besitzen wir doch nur eine Garnitur Unterwäsche. Durchnässt uns der Regen bis auf die Haut, lassen wir die Kleidung am Körper trocknen. Ich kann das Wasser nicht mehr halten. Es läuft mir einfach in die Hose, was ihr von außen deutlich anzusehen ist.

Statt das peinlich zu finden, klage ich der Ärztin sofort mein Leid. Etwas nachgeholfen merkt ja keiner. Prompt schreibt sie mich krank. Und was das bedeutet? Natürlich ab ins Lazarett!

Hier liege ich erst mal ein paar Tage hübsch warm und trocken. Ohne zu arbeiten! Durch einen vorgetäuschten Durchfall rette ich vierzehn wertvolle Ruhetage.

Die wohlproportionierte Frau Doktor, eine Jüdin, spricht gut Deutsch. Bei uns heißt sie `das Maschinengewehr´, denn ähnlich schnell rattert sie ihre Sätze herunter. Bloß beim Gebrauch der schwierigen Artikel `der, die und das´ hapert es meistens. Abends besucht ein Wanderkino unser Lager. Wer von uns `Lazarettlern´ sich schon einigermaßen danach fühlt, darf hingehen.

An diesem Abend fehlt natürlich keiner der Russen aus dem Lager.

„Die Frau meiner Träume“ ist der verlockende Filmtitel. Als Hauptdarstellerin unsere umschwärmte Marika Rökk. Die Titelmelodie „In der Nacht ist der Mensch nicht gern alleine“ gewinnt auch das Herz unserer Ärztin im Sturm.

Bei der nächsten Morgenvisite ist ihre erste Frage:

„Gunter, wie war das Melodie von die Lied `In das Nacht ist das Mensch nicht gern alleine´?“ Wir müssen ihr das Lied ein paar Mal vorsingen, und sie trällert begeistert mit:

„In das Nacht ist das Mensch …“

Umsonst erklären wir ihr, wie es richtig heißt: „Die Nacht. Aber: `In der Nacht´ und `der Mensch´.“

Sie hat die Melodie fest in ihr Herz geschlossen, und sie wiederholt das `Filmtheater´ zu unserer Freude nun jeden Morgen. Wie man in Deutschland dazu tanzt, möchte sie schließlich wissen. Mit dem größten Vergnügen hüpfen wir singend um sie herum, munter im Zweiertakt klatschend, quer durch den Schlafsaal, und lassen sie dabei unsere Krankheiten völlig vergessen.

Auf die Art holen wir armen Kranken ein paar Extratage heraus. Ist doch ein jeder Tag ohne die verhasste Knochenarbeit fast so gut wie eine Woche näher der Heimat.

Leider muss ich während dieser Lazarettzeit einen schwer an Ruhr erkrankten Kameraden pflegen. Bis zu seinem letzten Atemzug. Zutiefst erschüttert nehme ich von ihm Abschied. Keine der russischen Ärztinnen wagt einen Eingriff. Unser deutscher Lagerarzt, der ihm vielleicht noch hätte helfen können, wird ausgerechnet jetzt für zwei Tage nach Leningrad abberufen.

In diesem `Genesenden-Lager´ müssen wir Platz machen für andere Kranke. Wir, die wir als Kranke gekommen sind, müssen schon bald, für uns einfach viel zu früh, weiterwandern. Ach, wäre es doch in Richtung Heimat!

Gerade ist wieder Post aus Weimar gekommen, die mich zutiefst berührt. Auf die Frage „Was soll denn die Mutti dem Vati von seiner Puppa schreiben?“, kommt es prompt: „Ich hab dich ganz doll lieb!“ Und Vatis Foto im roten

Holzherzchen bekommt jeden Abend ein Gutenacht-Küsschen.

Mein Frauchen führt, neben ihrer anstrengenden Arbeit in der Thüringischen Landesbibliothek, - durch den großen J. W. von Goethe einst geleitet, - gewissenhaft Tagebuch über die Fortschritte unserer kleinen Puppale. Ich soll ja später ihre `gesammelten Werke´ in Ruhe nachlesen können. Ach, wenn es doch nur schon soweit sein dürfte.

Wie gewohnt geht es auch dieses Mal nachts los. Binnen nur einer Stunde sind wir fertig. Sechzig Mann werden aufgerufen. Vor dem Tor erwarten uns zwei Lastwagen. Verdammt kalt geworden ist es! Auf dem offenen LKW kriechen wir so eng wie möglich zusammen und wärmen uns gegenseitig ein wenig.

Nach einer `dollen´ Fahrt auf den holprigen russischen Straßen kommen wir in der Morgendämmerung im neuen Lager an. Vor uns zwei kasernenähnliche, große Häuser, umgeben von doppelten, hohen Stacheldrahtzäunen. An allen vier Ecken Wachtürme, die `Idiotentürme´, wie wir sie getauft haben. In der Tat besteht ihre Besatzung zu neunzig Prozent aus Idioten. Es ist üblich in Russland, das einfache Volk möglichst `dumm´ zu halten.

Wir fragen nach dem Ortsnamen. In `Slanzy´ sind wir, in einer öden Gegend, an der Bahnstrecke Leningrad- Pleskau gelegen. Ungefähr dreihundert Kilometer südwestlich von Leningrad. Dieses der Heimat am nächsten gelegene Lager des Raumes Leningrad, in der Gegend des `Peipus-Sees´, ist belegt mit über zweitausendfünfhundert Kriegsgefangenen.

Hier sollen wir Häuser bauen oder im Steinbruch arbeiten. Eine ganz neue Stadt ist im Entstehen. Die typisch russische `Qualitätsarbeit´ lernen wir in Slanzy richtig kennen.

Häuser, die von unseren Kameraden erst vor zwei Jahren gebaut wurden, sind mittlerweile reif zum Abstützen. Man hat sie ja mit Unterstützung von „Daway-Daway!“- Rufen aus dem Boden stampfen müssen. In den `Genuss´ werde ich ganz bestimmt noch kommen, denn ich lande beim Baukommando.

Auch dieser Winter 1947/ 48 ist unerwartet früh hereingebrochen. Nach üblicher Registrierung und Saunabesuch nimmt uns das Lager auf. Durften wir im Genesungslager Wollossowou unsere Haare wieder einmal wachsen lassen, empfinden es in Slanzy Lagerhäuptlinge und Antifa-Leiter als grobe Beleidigung, wenn außer ihnen ein gewöhnlicher Gefangener Haare auf dem Kopf trägt.

Wir würden dem stellvertretenden Lagerkommandanten liebend gerne an den Kragen gehen, als es bald heißt: „Runter mit den Haaren!“ Es nützt nichts. Schnell tragen wir alle wieder Glatze. Obwohl wir, abgestumpft und gleichgültig, jedes Gefühl von Eitelkeit verloren haben, halte ich in diesem Moment nur mit Mühe meine Tränen der Wut zurück.

Im Lager treffe ich einen ehemaligen Kumpel wieder, aus Antroptschina. Als Stellvertreter des Lagerkommandanten war er dort ein Fiesling. Hier hat er anscheinend nicht mehr viel zu sagen und ist wie umgewandelt. Abends kommen wir öfter zusammen und verstehen uns bald richtig gut.

Bei meiner neuen Stellung als Häuserbauer drücke ich mich, so gut ich kann. Zu zweit tragen wir mit geschäftigen Mienen ein leichtes Brett auf den Schultern umher, von einem Haus zum anderen. Wir betätigen uns als Karrenschieber mit Schlacke für die Zwischenböden.

Nebenbei haben wir vollauf zu tun, ein von uns rasch angezündetes Feuerchen in Gang zu halten.

Ein Gesundes
NEUES JAHR

Gesegnete Weihnachten!
wünscht Dir, meine liebe Lilo, + Puppale sowie
allen Lieben Euer Vati. – Mutti lieben Geburtstagsgruhs.
Liege Hospital – Armverletzung – Keine Sorge.
Baldiges + glückliches Wiedersehen erhoffend
grühst + küsst Euch Alle Euer Vati!

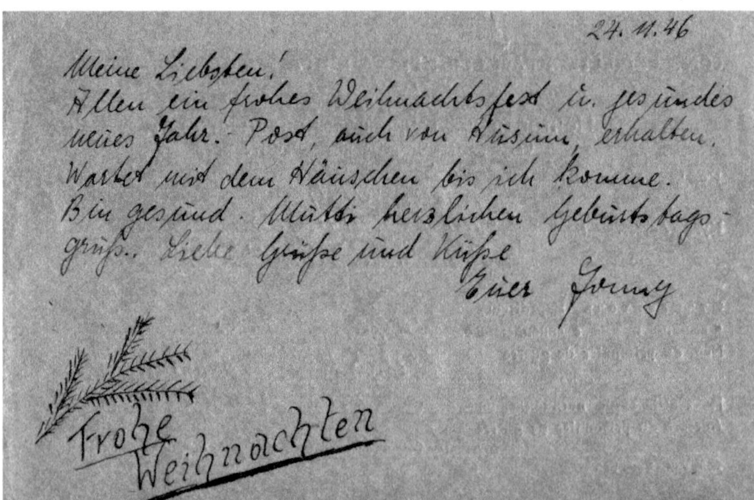

24.11.46

Meine Liebsten!
Allen ein frohes Weihnachtsfest u. gesundes
neues Jahr. Post, auch von Husum, erhalten.
Wartet mit dem Häuschen bis ich komme.
Bin gesund. Mutti herzlichen Geburtstagsgruß. Liebe Grüße und Küsse
Euer Jonny

Frohe Weihnachten

Im Dezember bekommen wir nagelneue Arbeitsanzüge. Am anderen Tag machen die Russen Stielaugen.

„Kamerad, skolko Rubel?“ Wie viele Rubel verlangen wir dafür? Beim Tausch drücken sie uns ihre alten Anzüge in die Hand. Nach und nach sieht man immer mehr von uns wieder in alten Klamotten rumlaufen. Für fünfzig Rubel nur verscheuern wir unsere neuen Anzüge. Durch die neue Währungsreform kann man Brot inzwischen auch ohne Bezugskarten kaufen. Ein Kilo Brot kostet drei Rubel. Dann gibt es für fünfzig Rubel … So rechnen wir. Um die Heimat gesund wieder zu sehen, ist uns Brot nützlicher als ein sauberer Arbeitsanzug. Allerdings leben wir in der ständigen Angst vor einem plötzlichen Appell. In unseren neuen Sachen natürlich! Gott sei Dank gibt es nie einen!

In Slanzy hat sich eine Schauspielgruppe gebildet, die uns manchen abwechslungsreichen Abend beschert. Wir haben unsere helle Freude an diesen kleinen Aufführungen und applaudieren begeistert.

(Nie werde ich sie vergessen! Während der regelmäßigen Theaterbesuche im Hamburger Schauspielhaus habe ich noch die meist urkomischen Szenen im `Saal´ von Slanzy vor Augen. Im Nachhinein muss ich diese engagierten Mannsbilder doppelt für ihren Mut und ihre ansteckende Spielfreude bewundern. Unendlich dankbar durften wir sein für die willkommene Abwechslung in unserem tristen Gefangenenalltag. Humor ist, wenn man trotzdem lacht! Und überrascht stellten wir fest, unseren Humor hatten man uns bisher nicht nehmen können.

Wie gerne habe ich in späteren Jahren selber mal kleine Rollen eingeübt, wie zum Beispiel für Firmenfeiern oder Faschingsvergnügen in der Tanzschule.

Doch im Lager hätte ich mir das keinesfalls zugetraut. Gedemütigt und unterdrückt, wie wir waren.)

Schon wieder steht Weihnachten vor der Tür. Für uns steht es allerdings bloß im Kalender. Am 23. Dezember kommt eine Karte aus der Heimat. Darauf klebt ein Bildchen von meinem Töchterchen Gunhild. Das ist meine schönste, unverhoffte Weihnachtsfreude! Sehr krank ist sie gewesen, meine arme Kleine. Scharlach hat sie gehabt. Schon im Frühjahr. Das erfahre ich aber erst jetzt, weil ich mir keine Sorgen machen sollte. Keine einfache Aufgabe für mein tapferes Frauchen. Und statt dass ich ihr beistehen kann, bemüht sie sich nach Kräften, mich durch ihre liebevollen Zeilen stark zu machen, um das hier heil durchzustehen.

Als wir am Heiligabend von der Arbeit heimkehren, herrscht eine eigenartige Stimmung in unserem Raum. Wir liegen auf den Pritschen. Schwer lastet der Gedanke an die Lieben daheim auf uns. Dann, gegen 20 Uhr, kommt die Lagerkapelle in unseren Schlafsaal und spielt für uns die altbekannten Weihnachtslieder. Da gibt es keinen, der sie aus vollem Herzen mitsingen kann. Ein von jungen und alten Männern unterdrücktes, leises Schluchzen begleitet stattdessen die Melodien, und niemand schämt sich seiner Tränen. Sie sind wie eine Erlösung.

Am ersten Weihnachtstag geht es wieder an die Arbeit. „Daway-Daway!" Das Thermometer ist in der Heiligen Nacht noch weiter gesunken. Unter fünfundzwanzig Grad!

Unser Weihnachtsgeschenk?

20. Kapitel: Das kann doch einen Seemann nicht erschüttern!

Die russische Lagerleitung beruft eine Lagerversammlung ein. Sie findet abends in unserem Schlafsaal satt, dem größten Raum, den wir mit ungefähr sechshundert Mann `bewohnen´.

Wir hocken uns auf die Pritschen. Mehrere Offiziere und das deutsche Lagerteam erscheinen. Der Kommandant hält eine seiner üblichen Ansprachen, bestehend aus Lobliedern auf den wunderbaren Stalin, das mächtige russische Volk, wie gut es uns in ihrem Land gehe, und lauter solches Zeug.

Eine freie Aussprache schließt sich an. Von unserer Seite wird vorgetragen, dass wir unseren Zucker, pro Tag fünfzehn Gramm, statt eingerührt in den Kasch lieber pur in die Hand bekämen. Auf die Frage nach dem Warum antworte ich, wir wüssten im Kasch ja nie genau, ob uns wirklich diese fünfzehn Gramm zukämen. Und diejenigen, die mehr als eine Portion Kasch erhalten, empfangen folglich die größere Menge Zucker. Damit steche ich mitten rein ins Wespennest. Man sagt zwar, Hunde die bellen, beißen nicht. Aber die betroffenen Herren wissen sofort, was ich meine. Sie fangen fürchterlich an herumzuschreien. Keiner würde mehr als die ihm zustehende eine Portion Kasch bekommen. Etwa ein Viertelliter pro Tag. Meine dreiste Behauptung wäre eine Beleidigung für sie. Wie ich mir die als `Neuer´ überhaupt erlauben könne?

Ehe mir klar wird, was ich da eigentlich sage, rutscht es mir heraus. Einfach so! Noch ehe ich ´s verhindern kann:

„Von nur einer Portion kann keiner so ´nen Kaschkopp kriegen wie ihr!“

Erschrocken beiße ich mir auf die Zunge. Oh! Zu spät! Die hohen Herren schnappen nach Luft.

Der deutsche Kommandant Schmitz, der den Sinn meiner kurzen `Rede´ am besten verstanden hat, läuft zornesrot an.

Eisiges Schweigen. Kein Kommentar. Ruhe vorm Sturm?

Keiner meiner Kameraden macht einen Mucks. Entsetzt starren mich die etwa sechshundert Augenpaare an. Ja, ist der Günter denn wahnsinnig geworden?

Kaum ist die Versammlung beendet, wird der Kriegsgefangene Jahn, Walter Gunter, zum Bataillonsführer zitiert. Franz Rechlin aus Berlin. Einst Stabsfeldwebel. Fieseste Verbrechervisage!

Durch seine Unterwürfigkeit zu diesem Posten avanciert. In seinem Büro erwarten mich der Lagerkommandant, der Antifa-Leiter und die gesamte Lagerführung.

„Lass dich bloß von denen nicht unterkriegen, Günter!“, haben meine Kameraden mir mit auf den Weg gegeben, die mir hinter vorgehaltener Hand am Schluss der Versammlung zuflüsterten: „Bravo! Denen hast du ´s aber gezeigt!“

Doch jetzt stehe ich hier alleine wie bei einem Verhör. Franz Rechlin beschimpft mich als Bluthund, Provokateur, Nazi und ähnliches.

Ich höre mir das stumm an und krampfe beide Fäuste fest zusammen, um nicht zu zerplatzen. Plötzlich springt er auf mich zu, packt mich an der Gurgel und brüllt mich an:

„Du Bluthund verlässt dieses Lager nicht lebend. Dafür sorge ich! Und wenn du morgens auf Knien zur Arbeit rutschst! Deine Verpflegung ist vorerst gestrichen. Ist das klar?“ Wäre nicht der Lagerkommandant dazwischen gegangen, der Kerl würde mich am liebsten erwürgen. Ein Mann wie ein Bulle, während der ganzen Gefangenschaft keinen Handschlag schuften müssen, gegen mich als Halbverhungerten. Meine Chancen stehen allzu schlecht.

Wie soll ich mich wehren? Sofort lässt man mich abführen. Durch die Lagerpolizei, wie einen Schwerverbrecher.

Meine erste Strafe: Holzhacken für die Küche. Die ganze Nacht hindurch. Natürlich im Freien.

Mir ist alles egal. Ich hacke, hacke, hacke wie besessen. Irgendwann werde ich einfach umfallen vor Erschöpfung. Na und? Dann war ´s das eben. Geliebte Heimat, ade!

„Seemann, lass das Träumen, ...“, klingt die Melodie in meinem Kopf. Ach, liebe Lale Andersen! Leise summe ich:

„Jonny, du darfst träumen! Denk doch an zu Haus!
Jonny, hier in Russland - ist nicht alles aus!“

Ich gebe mir einen Ruck und lasse meine ohnmächtige Wut an den Holzscheiten aus.

Gegen Mitternacht holt mich einer der Lagerpolizisten, ein Lehrer aus Schwaben, und winkt mich in den Speiseraum zu einem Plätzchen hinter dem noch warmen Ofen. Vorm Wecken will er mir rechtzeitig Bescheid sagen.

Vertrauen gegen Vertrauen! So verbringe ich den Rest der Nacht im angenehmen Halbschlaf und träume wirres Zeug zurecht. Von meinen Lieben in der Heimat.

Gegen sechs Uhr holt er mich wieder zum Holzhacken. Zum Essenempfang um sieben gehe ich mit, doch dieses `Schwein´ hat es wahr gemacht und mir die Verpflegung gestrichen.

Beim Antreten zur Arbeit bin ich jetzt einem anderen Kommando zugeteilt. Auf geht ´s! Ab in den Steinbruch! Was soll ich machen? Tatsächlich auf Knien durchs Lager rutschen? Oh, nein, Günter, den Gefallen tust du diesen `Verbrechern´ ganz sicher nicht! Die Kumpels machen mir zwar Mut. Ohne etwas zu essen würden sie nie zur Arbeit gehen. Aber wenn man nicht selber betroffen ist, hat man gut reden. Mit hängenden Schultern trotte ich los.

Ich muss die gebrochenen Steine auf einer Schubkarre zum Steinbrecher transportieren. Das ist kein Spaziergang mit den voll beladenen Karren. Nach zwei Stunden arger Schufterei verlassen mich meine Kräfte. Völlig erschöpft hocke ich da wie benommen auf meiner Karre.

Der Kommandant sagt vorläufig nichts. Was soll er auch sagen? Er sieht mir ja an, wie fix und fertig ich bin. Weil ich nach einer Stunde immer noch untätig rumsitze, fragt er, was das solle. Ich antworte ihm, ich wäre nicht eher in der Lage zum Weiterarbeiten, bevor er nicht etwas zu essen für mich besorge. Er sagt nichts, lässt mich weiter da hocken. Obwohl mir mittlerweile erbärmlich kalt ist, halte ich stur auf meiner Schubkarre aus. Punkt zwölf fährt der Verpflegungswagen vor. Ich verziehe mich niedergeschlagen in einen leeren Schuppen. Dann höre ich meinen Namen. Ich bekomme ein volles Kochgeschirr mit Suppe überreicht. Dazu vierhundert Gramm Brot! Meine Morgenportion mit eingerechnet! Ich atme auf. Anscheinend hat man es sich doch anders überlegt. Ich spare mir also meinen geplanten abendlichen Beschwerde-Gang zur Ärztin.

Zwar bekomme ich die Verpflegung weiter, - was nützt denen ein verhungerter Arbeiter, - darf jedoch auch weiter zum Holzhacken antreten, statt zu schlafen. Dieses Mal erscheint der Lagerpolizist bereits um dreiundzwanzig Uhr. Beim Wecken steht er mit einem Kochgeschirr voll heißer Suppe vor mir. Mit enormer Geschwindigkeit löffle ich sie aus, damit keiner was bemerkt. Dankbar registriere ich, dass ich nicht völlig allein dastehe. Und mein Trotz gegenüber den Lumpen bekommt mit jedem Löffel Suppe neue Nahrung.

„Mich kriegst du nicht kaputt, Rechlin, du Scheißkerl!“, schwöre ich mir.

Zu jeder nur erdenklichen Extra - Aufgabe werde ich nun herangezogen. Man versucht auf die Weise, mir jegliche Ruhezeit zu streichen. Ich verstehe es trotzdem, auch aus solchen Strafmaßnahmen meinen Profit zu schlagen.

Am Sonntagmorgen soll ich einen Wagen mit Schlacke irgendwo im Ort vor einem größeren Wohnblock abladen. Der Fahrer des Wagens lässt mich allein arbeiten. In zwei Stunden sei er zurück. Ich haue kräftig rein und bin nach einer Stunde fertig. Wie ich vorm LKW herumstehe, quatscht mich der eine oder andere Zivilist an.

Sie fragen, wie es mir geht. Meine Antwort: „Ganz gut. Aber Hunger hab ich. Einen verdammt großen Hunger!“

Als der Fahrer wieder auftaucht, habe ich einen ganzen Laib Brot `geschnurrt´, dazu Tabak und noch Zigaretten. So dreckig wie ich bin, muss ich in die Sauna gehen und bekomme frische Unterwäsche. Auf meiner Pritsche lasse ich mir das Brot schmecken und rauche gemütlich mein Zigarettchen. Wie an einem richtigen Sonntag! An den anderen Tagen quälen wir uns doch nur, die Zeit möglichst schnell herumzubringen. Jetzt würde ich sie gerne für ein ruhiges Stündchen anhalten. Zu allem Überfluss gibt es in der Kantine noch Bier. Von meinen paar Rubeln gönne ich mir einen ganzen Liter. Ach, wie geht ´s mir heute gut!

Doch der Schein trügt. Im Lager werde ich ständig überwacht. Man will mir zu gerne was am Zeug flicken. Durch irgendwelche Manipulationen bei Verkäufen von kleinen gebastelten Sachen für andere Kumpel habe ich meistens einige Rubelchen in der Tasche. Ich kaufe mir davon hin und wieder nebenbei etwas Brot. Meinen Bewachern passt das nicht. So meldet man mich der Lagerleitung, bezichtigt mich des Diebstahls. Eine Hose soll ich geklaut haben und verscheuert. Mitten in der Nacht werde ich geweckt und zum Politoffizier der NKWD, vom Geheimdienst, geführt.

Er, als Vorgesetzter des Antifa-Leiters, ist verantwortlich für unsere `ordentliche´ politische Gesinnung.

Und dann beginnt eine Art von `neckischem´ Verhör.

Leider habe ich keinen blassen Schimmer, was er denn eigentlich von mir will. Ich habe nichts gestohlen. Wie soll ich da etwas Gestohlenes verkauft haben? Mehr kann und will ich dazu nicht sagen.

Er merkt, bei mir kann er mit seinen Fragen nicht landen, und wechselt das Thema. Jetzt beschuldigt er mich einer Zugehörigkeit zur Polizeitruppe. Zur berüchtigten SS.

Ich falle aus allen Wolken. Das ist nun wirklich die Höhe! Er legt mir diverse Namen vor. Von Kompanieführern, Abtl. - Kommandeuren, Offizieren, Unteroffizieren und Mannschaften, von denen ich nie gehört, geschweige denn sie jemals gekannt habe.

Meine Akte liegt vor ihm auf dem Tisch. Der Dolmetscher redet immer wieder auf mich ein, ich solle es doch zugeben, mir würde auch nichts passieren. Ich muss ihm die Namen bloß bestätigen, kann es beim besten Willen jedoch nicht.

Ich bin sicher, ich soll sie auf die Spur bestimmter hoher Offiziere führen, die aufgrund ihrer schlimmen Verbrechen ihre gerechten Strafen verdienen.

Erst nach zwei endlosen, zermürbenden und dazu völlig unsinnigen Fragestunden darf ich gehen.

Zwei Tage später dasselbe Spiel mit den gleichen Fragen, diesmal jedoch nur für eine halbe Stunde. Wenn ich glaube, das war ´s nun wohl endlich mit diesem Quatsch, irre ich mich allerdings gründlich.

Wenige Abende danach, ich will mich gerade nachtfertig machen, holt ein Lagerpolizist mich ab. Auf meine Frage, was los sei, schweigt er und übergibt mich an den Karzermeister. Auch der verweigert mir die Auskunft, behandelt mich wie einen schlimmen Verbrecher. Alles außer meiner Kleidung muss ich ihm aushändigen und wandere in eine Arrest-Zelle.

Deren Grundfläche: Keine zehn Quadratmeter.

Die Einrichtung: Ein gemauertes Öfchen und ein Eimer. Mit Deckel.

Der Fußboden: Roher, eiskalter Zement. Wenigstens sorgt ein kleines Fenster, 30 mal 30 Zentimeter, dafür, dass ich den Tag von der Nacht unterscheiden kann. Was nützt es, mir den Kopf zu zerbrechen, warum ich hier sein `darf'. Einfacher ist es, mich damit abzufinden.

Ich bin ja nur ein Fall von vielen. Nach einer Stunde geht die Tür auf. Eine Holzpritsche wird herein geschoben. Mein Bett! Ich nehme sie dankend an. Denn schlafen, das habe ich gelernt in Russland, kann man überall.

Um sechs Uhr ist Wecken. Pritsche raus, ausfegen, Eimer wegtragen, das Öfchen anheizen. Einmal tüchtig durchgeheizt, dann brennt das Feuer in kurzer Zeit herunter. Viel zu schnell ist wieder erbärmliches Frieren angesagt.

Wann bekomme ich etwas Essbares?

Die Antwort: Einen halben Liter Kaffee, vierhundert Gramm Brot, jeden dritten Tag mittags zusätzlich was Warmes. Das ist hart! Nichts zu rauchen, nichts zu kauen. Die Zeit wird mir verdammt lang. Ich kann nicht dauernd dösen oder schlafen. Und schon gar nicht auf dem blanken, eisigen Zement.

Abends dasselbe Theater: Pritsche rein und sofort pennen. Meine Gedanken sind besonders intensiv in der Heimat.

Wenn meine Familie mich so sehen müsste! Mein süßes, so ahnungsloses kleines Töchterchen, das oft voller Sehnsucht sagt: „Papa bald!“.

Auf einmal ist dieser alte Schlager in meinem Kopf:

„Das kann doch einen Seemann nicht erschüttern …“

Ich summe die Melodie. Immer wieder, nur leise, fast ängstlich, ein paar Mal vor mich hin.

Den Text dichte ich um: „Das kann doch deinen Jonny nicht erschüttern. Keine Angst, mein geliebtes Lottilein …“ Erst zögernd, dann immer lauter singe ich das. Dreimal, viermal … (Ach, Heinz Rühmann, könntest du mich erleben mit deinem `neuen´, so wunderbaren Lied!)

Bis der Karzermeister den Kopf zur Tür hereinsteckt, mich prüfend anschaut, als sei ich übergeschnappt.

Bin ich vielleicht auch? Tapfer singe ich weiter, bevor meine raue Stimme anfängt zu wackeln. Unterdrücktes Schluchzen, dann kullern mir dicke Tränen. Ich lasse sie kullern. Vor wem und warum sollte ich mich schämen?

Wie wird es daheim gehen? Hat meine Lotti viel Angst um ihren Jonny? Ist sie ihm überhaupt treu geblieben in der endlosen Zeit?

Ich atme erleichtert durch. Fühle mich besser. Ja, Singen sollten wir hier öfter! Und uns erlauben zu weinen. Aber wann ist es uns Jammergestalten denn schon mal danach?

„Die Zähne zusammenbeißen! Stark sein und bleiben!“, heißt hier die tägliche Devise.

Der Mann scheint mich gut zu verstehen. Ohne ein Wort verschwindet er. Karzertür zu!

Am anderen Tag gegen Mittag geht unerwartet die Tür wieder auf. Zwei Kumpels werden zu mir hereingeschoben.

Tür wieder zu, und wir sind zu dritt. Der eine ist Priester. Die beiden haben auf einer Baustelle einen Russenjungen verhauen, der ihnen das Werkzeug klauen wollte.

Zur Belohnung dürfen sie mir Karzergesellschaft leisten. Beide sind wohltuend gesprächig. Schluss mit dir, meine Langeweile! Wir führen lange und anregende Gespräche. So vergeht die Zeit wie im Flug. Der Karzermeister schiebt uns mal eine Zigarette zu, und falls die Luft rein ist, führt er uns sogar hinaus zum Donnerbalken. Damit wir den Eimer schonen?

Gemein wird es erst dann, wenn die warme Suppe oder die Pellkartoffeln kommen. Leider für jeden von uns an einem anderen Mittag. Einer muss also immer den beiden anderen etwas vor essen. Zum Teilen ist es ja einfach zu wenig. Genau das ist russische Taktik. Uns mürbe machen, immer nur mürbe, und mit jedem Tag demütiger, gefügiger.

Pünktlich um 20 Uhr, nach meinem siebten Tag, geht die Karzertür auf. Der Gefangene Jahn, Walter Gunter ist frei. Zumindest aus dem Arrest. Mein erster Weg führt in die Küche. Erhasche ich vielleicht noch einen Schlag Suppe? Denkste, Puppe! Verächtlich sieht der Koch mich an. Als ich sage, woher ich eben komme, grinst mich sein feistes Gesicht höhnisch an. Schwupp, ist die Schalterklappe zu! Da stehe ich, fluchend und tief gedemütigt. Den ebenso höhnischen Blicken meiner `Bewacher´ ausgesetzt, wanke ich auf meine Pritsche. In welcher Geschwindigkeit ich am anderen Morgen Suppe und Brot verschlinge, nach dieser Nacht mit nagendem Hunger, kann sich wohl jeder gut vorstellen.

Im Steinbruch behandeln die meisten Männer mich wie einen `Aussätzigen´. Nur meine alten Kumpel halten treu zu mir und machen mir neuen Mut.

Ein Unglück kommt leider ganz selten allein. Nach nur drei Arbeitstagen ziehe ich mir abends die Schuhe aus. Plötzlich ein stechender Schmerz im rechten Schulterblatt. In der Sani-Stube stellt man ein gebrochenes Schlüsselbein fest. Die Ärztin will wissen, wie das passiert ist. Ich kann ihr nichts Genaues sagen, weiß ich es doch selber nicht.

Sie glaubt mir nicht. Im Gegenteil! Man unterstellt mir Sabotage. Mit einer Eisenstange hätte ich mir fest auf die Schulter geschlagen, um mich vor der Arbeit zu drücken. Ein solch dämlicher Schwachsinn macht mich sprachlos.

Das ist noch mehr als paradox!

Im Lazarett werde ich in Narkose versetzt, angeblich nur, damit ich die Schmerzen beim Verbandanlegen ertrage. Den eigentlichen Grund erfahre ich vom Sanitäter: In der Narkose fragt man mich aus. Allerdings ebenso vergeblich. Was hätte ich denen denn auch mitzuteilen?

Drei Wochen liege ich da auf dem Feldbett in meinem hübschen Verband, der den Oberkörper völlig bedeckt. Nach derzeitigen Begriffen ist dieses Lazarett ungewöhnlich sauber. Mir geht es daher entsprechend nicht schlecht.

Die Verpflegung ist hier drinnen deutlich besser als für die übrigen Lagerinsassen. Logisch! Die Russen brauchen gesunde Gefangene zum Wiederaufbau. Wir fühlen uns buchstäblich wieder `aufgepäppelt´. Häufig spielen wir Schach oder lesen viel. Es gibt eine recht umfangreiche, wenn auch gezielt einseitige Lagerbücherei.

Im Nachbarbett liegt einer von der Schauspielgruppe. Ein zart besaitetes junges Kerlchen, das jedes Mal die Frauenrolle spielt. Und dafür durften seine Haare ziemlich lang wachsen. Jeden Tag kriegt er Besuch vom Lagerführer und anderen von diesen `Bullen´. Sie haben Rauchwaren für ihn, reichlich Brot und Kasch. Sogar mit Süßigkeiten wird er verwöhnt. Dieses übertrieben alberne Getue und das `Getätschel´ wundert uns jeden Tag mehr, bis wir begreifen: Das hübsche Kerlchen spielt ihnen seine Frauenrolle nicht bloß auf der Bühne vor!

Während der Lazarettzeit besucht mich ein alter Kumpel, den ich aus anderen Lagern kenne.

Er druckst und druckst herum, doch als ich frage, was los sei, kommt er nicht mit der Sprache raus. Mehrmals höre ich das Wort `Schade!´ Eines Abends große Aufregung! Einer fehlt im Lager! Mein Kumpel. Tagelang sucht man fieberhaft nach ihm. Im Lauf der Zeit wird er vergessen. Nach drei Monaten taucht er wie aus heiterem Himmel wieder auf. Zu meinem großen Bedauern kann ich ihn nicht mehr ausfragen, denn er ist nur zur Vernehmung hier. Er hat es geschafft und ist allein stiften gegangen. Als er in Königsberg eine Fahrkarte nach Berlin lösen will, hat ihn irgendein deutsches `Schwein´ verraten. Ich höre nie mehr etwas von ihm.

Ein anderer schafft es auf seine eigene Art und Weise. Bei der Morgenvisite antwortet er auf die Fragen unserer Ärztin mit blödem Lachen immer ähnlich: „Geh weg, du schwarzer Kater! Ich esse keine Schokolade!“

Das Spiel wiederholt er zu unserem Vergnügen täglich und dann sogar wochenlang.

Beim nächsten Transportzug in die Heimat ist er dabei. Als hochgradiger Idiot. Dieses verflixte `Schlitzohr´! Und wir Ehrlichen müssen hier ausharren. Ungerechter kann es kaum zugehen!

Dann kommt eine Postkarte. Aus Hamburg! Ihm gehe es blendend. Wir sollten ihn ruhig nachahmen. Er hat einfach ein Riesenschwein gehabt mit seinem gekonnten, so hartnäckigen Theater. Andere bestraft man hart für solche Spielchen.

(Noch heute ist in unserer Familie eine Art `geflügeltes Wort´: „Was will der schwarze Kater hier? Ich esse keine Schokolade!" Wir lachen herzlich darüber. Welch bitterer Ernst war es in Slanzy! Ich sehe noch genau dieses listig-dümmliche Grinsen meines Kumpels und die ungläubigen Augen unserer russischen Ärztin vor mir. Zum Lachen war bald keinem von uns mehr, - damals jedenfalls nicht.

Auf den Gedanken an einen Fluchtversuch bin ich selten gekommen. Zu groß war mir das Risiko, dadurch meine Lieben niemals wiederzusehen.)

Nachdem meine Schulter ausgeheilt ist, schickt mich die Ärztin wegen meiner zu weichen Knochen vorsichtshalber nicht mehr in den Steinbruch. Ich werde Handlanger beim Häuserbau. Das Thermometer klettert zwar langsam nach oben, doch trotzdem würden in der Heimat bei derartigen Wetterverhältnissen sicher keine Maurerarbeiten verrichtet. In diesem Land ist eben nichts unmöglich!

Der Mörtel wird mit heißem Wasser angerührt. Unter einer großen Wanne wird ein Dauerfeuer unterhalten. Direkt aus dem Mischraum wird der Mörtel von Hand hineingeschüttet. Mischmaschinen kennen wir hier nicht. Der fast kochende Mörtel wird in eiserne Schiebekarren verteilt. Mit dem klapprigen Fahrstuhl bringen wir sie nach oben zu den Maurern. Dort angekommen, ist der Mörtel längst wieder gefroren. Er kommt auf ein anderes Feuer und wird nochmals aufgekocht, bevor er verarbeitet werden kann.

Viel verstehe ich nicht vom Maurerhandwerk. Doch wie das halten soll, bleibt selbst mir als Laie ein Rätsel. Wir bauen trotzdem emsig weiter. Wird schon auch dieses Mal schief gehen!

Spätestens im Frühling zeigt sich das Ergebnis: Wände sacken stetig ab. Decken hängen durch. Na und? Mit einem kräftigen „Nitschewoj!“, wird das großzügig abgetan. In allen Räumen dienen dicke Baumstämme zum Abstützen.

(Ob `unsere´ Häuser vielleicht heute noch stehen? Aber wen interessiert das schon? Unser Problem ist das ja wohl längst nicht mehr!)

21. Kapitel: Unterkunft im Hühnerstall

Im Lager bin ich bei der Führung und der `Antifa´ noch immer `untendurch´. Inzwischen gilt aber auch in diesen Reihen der berühmte Machtkampf. Einer versucht dabei, den anderen auszuspielen, Das gehört anscheinend in Russland zum guten Ton, so wie es uns in letzter Zeit immer wieder deutlich vorexerziert wird. Und zwar auf höchster Ebene!

Der neue Lagerkommandant will die `Ausgestoßenen´ möglichst schnell loswerden.

Im Mai 1948, als ich ahnungslos mit meinen Kumpeln im Hof zusammensitze, sucht man mich. Auf zur Lagerleitung, Günter! Der Antifa-Leiter befiehlt mir, in einer halben Stunde mit gepackten Sachen am Lagertor zu warten.

Oh, Gott sei Dank! Kann es irgendwo noch schlimmer werden als hier? Im Nu spricht es sich herum:

Ein Kommando von mehr als zehn Mann wird versetzt. In eine Eisengießerei! Verflucht! Das fehlt mir gerade noch!

Dann traue ich meinen Augen nicht. Am Tor warten sie: Der Lagerkommandant und sein Stellvertreter, Bataillonskommandeure, sowie die Brigadiere sämtlicher Arbeitskommandos. Warten auf mich, diesen kleinen, mickrigen `Rabotschik´, den simplen Arbeiter.

Bin ich jetzt mit denen zusammen in einem Kommando gelandet, die mir vor kurzem noch an die Gurgel wollten? Kann so was wirklich gutgehen?

Meine Rachegelüste legen sich schneller als gedacht, denn für diese Typen ist es extrem hart. Haben sie doch alle noch nie schwer arbeiten müssen, stets satt zu essen gehabt. Schon das ist Strafe genug für meine Feinde. Mich dagegen kann praktisch nichts mehr erschüttern.

Dass dann vielleicht genau diese Zeit zu einer meiner schönsten in Russland werden könnte, daran wage ich nicht einmal in meinen kühnsten Träumen zu glauben.

Ein russischer Offizier empfängt uns beim Tor. Weit und breit ist kein LKW oder ein anderes Fahrzeug zu sehen. Wir dürfen also einmal mehr unsere Füße benutzen.

Nach einem bewegenden Abschied, - anscheinend bin ich bei den übrigen Kumpeln sehr beliebt, - verlässt unsere neue Gruppe dieses Lager.

Ganz zwanglos gehen wir nebeneinander her zum Bahnhof. Auf unsere Fragen meint der begleitende Offizier nur: „Plochoi!" Heißt das nicht `schlecht´? Was meint er damit? Der Bahnhof ist ziemlich belebt für den späten Abend. Schon rollt der Zug ein. Ein D-Zug. Nach Leningrad! Gut besetzt ist er. Für uns gibt es kein freies Abteil.

Unser Offizier fackelt nicht lange. In einem vollen Abteil fordert er einen Major, seine Frau sowie mehrere Zivilisten auf, für uns Platz zu machen, obwohl der Major zunächst heftig protestiert. Die Abteile sind um einiges größer als in deutschen Zügen. Die Rückenlehnen lassen sich herunterklappen. So haben wir genug Platz, sogar zum Schlafen. Noch sind wir vor Aufregung hellwach. Ist es uns doch vergönnt, nach so langer Zeit wieder einmal kultiviert zu reisen. Wie die kleinen Könige fühlen wir uns. Schnell wachsen wir zusammen zu einer Zweckgemeinschaft, als seien wir schon ewig dicke Freunde. Geht es uns gut, ist zum Glück das Schlimme bald vergessen.

Soll ich das bedauern? Nein, ich finde mich am besten damit ab, - wie mit allem hier in Russland. Unser Bewacher hat im Nebenabteil Platz gefunden. Zweimal guckt er nach dem Rechten, dann scheint er fest zu schlafen. Sobald die Russen in den anderen Abteilen uns als die deutschen

Kriegsgefangenen erkennen, trauen sie sich näher. Sie schenken uns Zigaretten, Weißbrot und an einer Haltestelle sogar `Piroschki´, die belegten Brötchen. Dann ist es auch für uns endlich Zeit zum Schlafen.

Als es hell wird, weckt uns der Offizier. Fertigmachen zum Aussteigen! Immer langsamer fährt der Zug. Wir erreichen die Vororte von Leningrad. Gegen halb sieben fährt die Lok zischend und pfeifend in den `Smolensker´ Bahnhof ein. Dieses Leben und Treiben ringsherum! Typisch Großstadt! Statt uns eine volle Stunde auf dem riesengroßen Bahnhof herumzudrücken, bevor unser Anschlusszug fährt, beschließen wir, die Straßenbahn zu nehmen. Erst an der Endstation fällt es uns auf: Es war die verkehrte Linie! Etwa wieder zurückfahren in die Stadt? Nein! Querfeldein sind wir in einer halben Stunde am Ziel. Wir trotten los. Bald sehen wir in der Ferne dicke Schlote rauchen.

Tatsächlich eine Eisengießerei? Unsere Gesichter werden immer länger, die gute Stimmung sinkt auf null. Doch das herrliche Wetter und die langsam erwachende Natur lassen keine trüben Gedanken zu.

Wir erreichen das Werksgelände an der Rückfront. Dort staunen wir nicht schlecht: Die schärfsten Schäferhunde bewachen an Drahtseilen mit Rollen den Zaun, jeder in einem bestimmten Streckenabschnitt. Unermüdlich bellend jagen sie zu unserer Begrüßung hin und her. So was deutet auf ein besonders wichtiges Werk hin. Das Gebell begleitet uns auf unserem Weg fast um das ganze Gelände herum bis zum Haupteingang. Das ist alles andere, aber keine Eisengießerei, vermute ich.

Ich behalte Recht. Über dem Eingang steht es, in Großbuchstaben: `LENINGRADER MJASLO-KOMBINAT´. Ob wir wohl Augen machen? Ein Fleischwaren-Kombinat!

Während unser Offizier seine Gruppe anmeldet, warten wir auf einer Bank in der Sonne und sehen uns schon mit einer dicken Fleischwurst in der Hand. Wir sitzen hier vor dem größten Werk dieser Art in Nordrussland. Nur wenige gibt es davon. Daher wird auch Tag und Nacht gearbeitet.

Zum Werk gehört ein Kriegsgefangenenlager für etwa hundertfünfzig Mann. Dort empfängt der dicke Koch uns freundlich. Haben wir Hunger? Na, was für eine Frage! Hunger haben wir doch ständig. Das kann er allerdings nicht ahnen, denn hier kennt man dieses Wort nicht mehr. Zur Arbeit nimmt man sich seinen Brotkanten mit, und gefrühstückt wird in der Fabrik. Jeder kriegt sein Kochgeschirr mit Wurstbrühe gefüllt, dazu gibt es Schmalz oder ein Stück Wurst. Auch die Mittagssuppe ist gekocht aus fetter Wurstbrühe. Als abends die Kumpel von der Arbeit kommen, machen wir große Augen. Keinem ist der Kriegsgefangene anzusehen in ihren sauberen Sachen. Weiße Sporthemden tragen sie, zum Teil Armbanduhren am Handgelenk. Für uns undenkbar! Sozusagen kultiviert kommen sie uns vor. Den in anderen Lagern üblichen Neid gibt es hier nicht. Gerne werden wir in die Gemeinschaft aufgenommen. Mein erster herzhafter Biss in eine dicke, fettglänzende Speckschnitte seit einer Ewigkeit! Ein viel zu lange entbehrter Hochgenuss!

Soll das die Strafversetzung sein, die uns beim Abschied von Slanzy angekündigt wurde? Na, die sollten sehen, wo wir hier gelandet sind! Allerdings sind wir nicht als Stammbesetzung in diesem Lager geplant. Vielmehr hat das Kombinat eine eigene Kolchose, zwanzig Kilometer entfernt. Unsere Aufgabe dort: Einen neuen Kuh- und Pferdestall bauen. Für uns bedeutet das mehr Freiheit.

Aus anderen Lagern im Umkreis sollen wir Verstärkung bekommen. Bis zum Abmarsch in die Kolchose brauchen wir nicht zu arbeiten, melden uns jedoch freiwillig und kommen so doch einige Male in die Fabrik. Ich habe das Glück, dass neu angekommene Viehtransporte entladen werden müssen. Wir treiben die Kühe aus den Waggons und melken sie sofort. Die noch warme Milch schmeckt köstlich. Diese Art von Arbeit ist genau richtig für mich.

Nach einer Woche geht die LKW-Fahrt für uns fünfundzwanzig Kameraden zur Kolchose. Die Hälfte eines neu erbauten Hühnerstalles wird unsere Unterkunft. Nebenan gackern um die siebenhundertfünfzig Hühner um die Wette. Die Eierversorgung ist auf jeden Fall gesichert, auch wenn zwei Frauen rund um die Uhr Aufsicht führen. Mit denen werden wir schon fertig. So gut wie möglich richten wir uns häuslich ein und freuen uns über die großen Fenster auf einer Seite, die den Raum schön hell machen. Zum Schlafen dürfte es allerdings gerne dunkler sein, was es ja hier im Hochsommer nie richtig wird.

Die Kolchose, ein riesiger Komplex, wird getrennt durch die Rollbahn Leningrad-Moskau. Hier ist der für uns Verantwortliche kein Russe, sondern ein Kriegsgefangener, durch eine weiße Armbinde als Convoi gekennzeichnet. Ein prima Kerl! Alle paar Tage lässt sich ein russischer Offizier sehen, ansonsten sind wir uns selbst überlassen. Kaum haben wir uns mit der neuen Arbeit vertraut gemacht und finden uns in der Umgebung zurecht, erlaubt uns der Convoi, abends wegzugehen. Allerdings mit dem festen Versprechen, morgens zur Zählung pünktlich da zu sein. Wegen der Wärme stehen die Türen auch nachts offen. Prima! Alles klar!

Mit einem neuen Kumpel, auch aus Hamburg, den ich hier freudig begrüßt habe, bummle ich abends durch die Felder und Wiesen. Ein Dorf in der Ferne nehmen wir uns als Ziel. Nach fast einer Stunde sind wir da und schauen uns neugierig um. Hübsch ist es hier. Und was machen wir jetzt? Ein Dorfbewohner nimmt uns die Entscheidung ab. Als er uns deutsch sprechen hört, wird er schnell zutraulich. Wir müssen unbedingt mit in sein Haus kommen. Seine Frau bietet uns Tee, Zucker und Brot an, und wir kommen ins Klönen. Ob wir ihm vielleicht nach Feierabend bei der Gartenarbeit helfen können? Mein Kumpel ist Maurer. Sofort hat der Mann jede Menge Arbeit für uns. Einen neuen Ofen will er gesetzt haben, die Wohnung muss teilweise besser verputzt und gestrichen werden und dergleichen mehr. Wie sollen wir dazu nein sagen? So rollen wir jeden Abend nach sechs Uhr bei ihm an. Er ist begeistert von der guten deutschen Wertarbeit, und wir bekommen reichlich zu essen. Dazu den vereinbarten Lohn von zwanzig Rubeln für den Abend.

Natürlich sind wir kaum vor Mitternacht zurück im Lager. Wie oft sind wir dann sogar die ersten. Unser großzügiger `Arbeitgeber´ hat sich schnell herumgesprochen, und alle suchen sich eine ähnliche Feierabend-Beschäftigung.

Unsere Rubelvorräte vermehren sich recht ordentlich. Im Magazin setzen wir sie um in Brot, Margarine, Zucker und Rauchwaren. Die Zeit der knurrenden Mägen scheint endlich vorbei zu sein. Wir erlauben uns außer einem guten Frühstück sogar nachmittags eine Vesper. Unser Leben beginnt wieder fast normal zu werden.

Allerdings sind wir tagsüber reichlich müde. Irgendwie müssen wir die zu kurze Nachtruhe am Tag nachholen. Mein Kumpel bringt mir im Schnellverfahren die Grundbegriffe des Mauerns bei. Ich vertrete ihn `fachmännisch´, falls ein Ingenieur zum Kontrollieren auftaucht, wenn er gerade seine Runde schläft. So vermisst ihn keiner, und wir kommen gut zurecht. Unserem Convoi geben wir natürlich einige unserer selbstverdienten Rubelchen ab, zum Dank, weil er nachts ganz selbstverständlich für uns die Stellung hält. Schnell spricht unsere Arbeit sich bei den anderen Dorfbewohnern herum. Und jeder will der Erste sein. Für immer neue Aufträge. Mein Bettnachbar ist Tischler von Beruf. Er hat zunächst keine Lust auf neue Arbeit nach Feierabend. Lieber geht er `flitzen´. Dann bringen unsere zusätzlichen Rubel ihn auf die Idee, während der Arbeitszeit Tische, Stühle und kleine Schränke zu zimmern. Er ist jedoch nicht der Mann, sich seine fertigen Teile unter den Arm zu klemmen, um damit hausieren zu gehen. Ich soll für ihn mein Heil versuchen. Bei angemessener Beteiligung, versteht sich. Wir schnappen uns jeder ein Möbelstück und ziehen damit los. Wir können gar nicht so viele Teile mitnehmen, wie wir verkaufen könnten.

Mit Zeichnungen fuchteln uns die Leute vor der Nase herum. Ob so etwas auch herzustellen sei? Zum Teil sind die Wünsche recht ausgefallen. Einem guten Tischler ist nichts zu schwierig, und so hat er alle Hände voll zu tun. Das Material muss er allerdings möglichst unauffällig `mitgehen lassen´. Und das ist oft nicht einfach.

Sein größtes Stück ist ein zweitüriger Schrank, den wir abends eine volle Stunde lang für ihn durch die Gegend schleppen dürfen. Der ausgehandelte Preis ist die Quälerei für uns jedoch mehr als wert.

Je länger wir in dieser Gegend sind, umso heimischer werden wir. Alle Russen kennen uns. Wir werden sogar gute Freunde. Das Hauptlager stiftet uns Musikinstrumente zur Unterhaltung. Akkordeon, Klampfe (eine Gitarre), ein Saxophon und auch ein Schlagzeug. Die Musiker finden sich schnell zusammen zu einer schönen Lagerkapelle. Leider – oder eher glücklicherweise? – liegt meine geliebte Mundharmonika gut verwahrt in meiner Schublade in Hamburg. Hier könnte ich sie mit dem größten Vergnügen einsetzen.

Geprobt wird im Freien. Weit schallt es hinaus bis zur nächsten Ortschaft. Die Musik zieht die Mädchen magisch an. Die Magazinverwalterin, selbst noch eine junge Frau, setzt durch, dass wir einen regelrechten Tanzabend veranstalten dürfen. Sie organisiert Bier, Wodka und Zigaretten, und jeder kann nach Lust und Laune seine Rubel ausgeben. Auf dem großen freien Platz vor der Küche wird heftig \`geschwoft´, denn auch junge Männer kommen. Was haben sie sonst an Möglichkeiten, sich zu vergnügen? Sind sie doch ärmer als wir. So wird es für alle ein gelungener Abend. Sind zum Schluss die Weiblein oder die Männlein stärker betrunken? Ausfallend wird trotzdem keiner. Im Gegenteil festigt dieses fröhliche Miteinander die gute Kameradschaft.

Auf die Dauer wird uns die Arbeit bis spät in die Nacht zu viel. Trotz vollem Bauch und voller Taschen fehlt uns der Schlaf. Und so beschließen wir, es ganz einfach mal mit \`Klinken putzen´ zu versuchen. Bei unseren sämtlichen Bekannten, und das sind nicht wenige, erbetteln wir uns unser Stück Brot, ein paar Kartoffeln, Rüben, auch Tabak und Zigaretten. Das wird ein recht einträgliches Geschäft! An manchem Abend können wir gar nicht alle die \`milden Gaben´ in unseren Taschen verstauen.

Eines Morgens beim Essenholen steht da ein neuer Koch. Ein alter Bekannter aus einem der früheren Lager.

„Mensch, was machst du denn hier?“ Die übliche Begrüßung. Er sorgt dafür, dass ich abends nach Feierabend in der Küche aushelfen darf. Meine zusätzliche Verpflegung ist gesichert. Ich muss die Reste aus den Kesseln kratzen, und die sind das Beste vom ganzen Essen. Danach kann ich mich, bis obenhin voll gefressen, kaum noch bewegen. Doch Kesselschrubben gibt kräftigen Muskelkater, und es wird jeden Abend sehr spät. Irgendwann habe ich keine Lust mehr zu dieser Knochenarbeit und gebe auf.

Juni 1948. Mein 27. Geburtstag ist ein schöner Tag, vor allem wegen der aufmunternden Post und den hübschen Bildchen von daheim. Wie an jedem 21. Juni gehen meine liebevollen Gedanken zu meiner Mutter nach Husum.

Haben wir beide doch am selben Tag Geburtstag. Werden auch Vater und sie und natürlich meine älteren Schwestern heute ganz besonders und voller Sehnsucht an ihren Günter denken? Wie alt wird die Mutter eigentlich? Ich rechne vergeblich. Wo ist mein Zeitgefühl geblieben in diesem Gefangeneneinerlei?

Hochsommerlich warm ist es, und wir fühlen uns kaum noch wie Kriegsgefangene. Ohne besondere Ereignisse vergeht ein Tag nach dem anderen. Wir bauen uns eine eigene Sauna und können uns nun jeden Samstag von oben bis unten gründlich reinigen. Für uns ein Geschenk des Himmels! Wir können jetzt unsere Wäsche selber waschen und sind, bis auf einige Flöhe, endlich verschont von dem lästigen Ungeziefer.

Dann hören wir mit Freude das Ergebnis der Moskauer Vierer-Konferenz: Bis Ende diesen Jahres werden alle deutschen Kriegsgefangenen wieder in der Heimat sein. Das halbe Jahr überstehen wir auch noch! Unsere Hoffnung und Zuversicht nehmen täglich zu, wenn es heißt, ein neuer Transport sei Richtung Deutschland unterwegs. Einmal müssen doch auch wir an der Reihe sein!

Als ich wieder einmal in Leningrad bin, bestätigen mir die Kameraden dort die Gerüchte. Dann hören wir, auch unser Lager solle demnächst aufgelöst werden. Und schon fliegen die Gedanken eilig voraus in dieses unbekannte, neue Deutschland. Was wird sein mit meinem Arbeitsplatz? Kann ich nach fünf langen Jahren Pause wieder einsteigen in die Lohnbuchhaltung meiner Hamburger Firma?

Bereits im September 1946 habe ich daheim angefragt, ob sich mein Mitarbeiter Artur Dambeck schon in Weimar gemeldet hat, habe Grüße in die Hansestadt ausgerichtet. Gut ein Jahr später bat ich meine Frau: „Dambeck soll \`blümlich´ in Erfahrung bringen, ob \`Cesag´ mich noch einstellt, verstehst du?“ Und tatsächlich bekam ich bald darauf aufmunternde Post von dem Kollegen. Aber treffen seine Informationen jetzt, zwei Jahre später, denn noch zu? Werde ich nach meiner Rückkehr womöglich dastehen als arbeitsloser Heimkehrer? Zweifel über Zweifel plagen in diesen Tagen extremer Anspannung nicht nur mich. Wir diskutieren oft und ausdauernd über die Chancen, die uns in der unbekannten Heimat erwarten könnten.

Unsere Arbeit in der Kolchose haben wir beendet. Die Ställe sind fertig gebaut. Nur noch Aufräumen ist angesagt. Schon heißt es, wir werden ins Hauptlager zurück gebracht. Einerseits sind wir fast ein wenig traurig, weil es das Ende unserer schönen Freiheit bedeutet. Andererseits ruft die Heimat, und mit diesem Gedanken nehmen wir Abschied von der Kolchose, in der wir uns so wohl gefühlt haben. Über die Rollbahn nähern wir uns schnell den Türmen von Leningrad.

Im Vorbeifahren winken wir dem Fleischkombinat noch einmal bedauernd zu. Gerne würden wir hier ein letztes Mal Station machen.

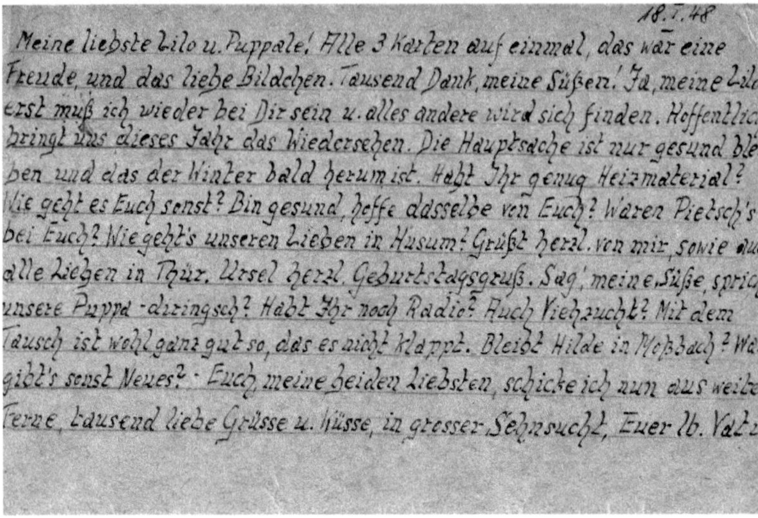

18.I.48

Meine liebste Lilo u. Puppale! Alle 3 Karten auf einmal, das war eine Freude, und das liebe Bildchen. Tausend Dank, meine Süßen! Ja, meine Lilo, erst muß ich wieder bei Dir sein u. alles andere wird sich finden. Hoffentlich bringt uns dieses Jahr das Wiedersehen. Die Hauptsache ist nur gesund bleiben und das der Winter bald herum ist. Habt Ihr genug Heizmaterial? Wie geht es Euch sonst? Bin gesund, hoffe dasselbe von Euch? Waren Pietsch's bei Euch? Wie geht's unseren Lieben in Husum? Grüßt herzl. von mir, sowie auch alle Lieben in Thür. Ursel herzl. Geburtstagsgruß. Sag', meine Süße, spricht unsere Puppa -diringsch? Habt Ihr noch Radio? Auch Viehzucht? Mit dem Tausch ist wohl ganz gut so, das es nicht klappt. Bleibt Hilde in Moßbach? Was gibt's sonst Neues? · Euch meine beiden Liebsten, schicke ich nun aus weiter Ferne, tausend liebe Grüsse u. Küsse, in grosser Sehnsucht, Euer lb. Vati

22. Kapitel: Im Rennstall des Zaren

Nach längerer Zeit auf dem Lande genießen wir die Fahrt mitten durch die Großstadt. Unser Ziel ist der Rennstall des Zaren, der `Kajuschna´. Die Unterkünfte für circa tausendfünfhundert Mann sind die Reithallen. Mitten in der Stadt gelegen. Vor uns ein großer Platz mit der prächtigen `Blutskirche´. Ihre Zwiebeltürme aus Mosaik leuchten in den herrlichsten Farben. In dieser Kirche wurde Alexander, der Zweite, ermordet. Am 13. März 1881 kommt er bei einem heimtückischen Bombenattentat ums Leben. Seit dem Tag steht die Kirche unangetastet. Auf ihrer Rückseite fließt ein Nebenarm der Newa, für uns in ein paar Minuten zu erreichen. Zum `Roten Platz´ mit dem `Winterpalais´ und der `Eremitage´ sind es nur wenige Schritte.

Vorm Lager natürlich die obligatorische Filzung, bei der man uns jedoch nichts mehr abnimmt. Vorm Tor erwartet uns die übliche Meute von `Plennies´, denn jeder hofft, unter den Neuen einen alten Bekannten wiederzutreffen. Ich erkenne ehemalige `Antroptschinesen´. Das Lager wurde aufgelöst mit dem Versprechen, alle Gefangenen würden geschlossen die Heimreise antreten. Nun sind auch sie hier im Rennstall gelandet und entsprechend enttäuscht. Das gibt stürmische Begrüßung und ein Gefrage. Immerhin liegen Jahre dazwischen. Jeder hat vom anderen gedacht, er sei längst in der Heimat.

Es fällt nicht schwer, mich hier rasch einzuleben. Alle Leute sind ziemlich `aufgekratzt´, denn die Heimkehr-Atmosphäre liegt spürbar über dem Lager, und das steckt jeden sofort an.

Mein neues Kommando geht nach `Awtowo´ zum Häuserbau. Ein Vorort mit riesigen, grauen Wohnblocks. Ich melde mich rotzfrech als der gesuchte Zimmermann. Bei dem Sommerwetter hoch oben auf dem Dach herumzuturnen, das macht mir Spaß. Wie oft sitzen wir mittags eine Stunde länger in der Sonne, machen uns einen schönen Lenz. Fünf Stockwerke hoch oben über den Dächern dieser großen Stadt. Nachdem der Dachstuhl steht, bin ich weiter `Walter Gunter, der Zimmermann´, diesmal beim Dielenlegen, zusammen mit dem Tischler aus dem vorigen Lager. Wir lassen unsere Arbeit hübsch langsam angehen.

Wer hat darauf noch richtig Lust?

Das Schönste sind die Straßenbahnfahrten mitten durch die Stadt. Ab und zu flachsen wir im Vorüberkommen hübsche Mädchen an und sind überrascht, wie fröhlich sie reagieren, statt hochnäsig wegzuschauen. Endlich dürfen wir schon am frühen Morgen unbeschwert lachen und müssen nicht länger verschämt unsere Blicke nach unten richten. Nicht nur ich lebe mit jedem Tag mehr auf.

23. Kapitel: Kommando `Fontane´ und Rasieren gratis

Der Arbeitseinsatzleiter, auch ein alter `Antroptschinese´, teilt mir abends mit, für mich sei am nächsten Morgen ein anderes Kommando vorgesehen, `Fontane´ soll es heißen. Allzu recht ist mir das nicht, weiß ich denn, was da auf mich zukommt. Na, lass dich einfach überraschen, Günter! Ein Russe in Zivil holt uns ab. Zu Fuß geht es los. Auf einmal stehen wir vor der mächtigen `Isaak-Kathedrale´, der prächtigsten Kirche von ganz Leningrad. Baumeister ein Italiener. Nach ihrer Fertigstellung musste er erblinden, damit er solchen Prachtbau kein zweites Mal errichten konnte. Die Kuppel aus reinem Gold überstrahlt die ganze Stadt. Vier kleinere Glockentürme sind ebenfalls vergoldet. Vor der Kirche auf einem großen Platz das Denkmal des Zaren Alexander. Links davon das größte Hotel der Stadt, rechts die Straße `Fontane´ mit dem Botschafter-Viertel. Gleich an der Ecke die deutsche Botschaft, ein schlichter Klinkerbau im Stil des `Dritten Reiches´. Eine wunderschöne Straße mit auffallend eleganten Bauten, jeder in dem jeweiligen Landesstil.

Dieses neue Kommando untersteht dem Telegrafenamt. Unsere Aufgabe: Telefonkabel verlegen und neu legen. Eine angenehme Arbeit. Straße aufgraben, Kabel verlegen, wieder zuschmeißen. Die vielen Menschen, der lebhafte Verkehr. Für uns daher genau richtig. Wir zehn Kumpel verstehen uns prächtig. Zu zweit bearbeiten wir jeweils vier Meter, bei einer Grabentiefe von 60 bis 80 Zentimetern. Dabei machen wir uns nicht tot. Oft genug warten wir erst eine Weile auf die Abnahme durch den `Natschalnik´, bevor wir das Loch wieder zuschaufeln müssen.

So haben wir reichlich Gelegenheit, unsere Umgebung zu studieren, besonders alle die vorübergehenden Großstädter. Wir legen auch neue Verteilerstellen. Dazu wird ein Loch ausgeschachtet von zwei Metern im Quadrat und zweieinhalb Metern Tiefe. Wir ziehen von Straße zu Straße und lernen die Leningrader Innenstadt sozusagen `aus dem FF´ kennen. Bauen wir die Verteilerstelle vor einem Geschäft, was drei Tage und länger dauert, freunden wir uns schnell mit den netten Verkäuferinnen an. Und das nie zu unserem Nachteil. Oft fliegt plötzlich ein kleines Päckchen in unsere Baugrube, auch von vorübergehenden Zivilisten.
Manchmal arbeiten wir tagelang allein zu dritt oder viert. Zum Beispiel vor einem Frisörladen. Den jungen Frisösen tun wir anscheinend Leid mit unseren Siebentage-Bärten, denn im Lager ist höchstens einmal pro Woche Rasieren angesagt. Am dritten Morgen kommt eins der Mädchen heraus und fragt, ob wir uns vielleicht rasieren lassen möchten. Oh, dafür fehlt uns leider das nötige Geld. Kein Problem! Die Rasur sei umsonst, wenn wir dichthalten würden. Einer nach dem anderen verschwindet im Laden und kommt eine Viertelstunde später heraus, vor Stolz und Sauberkeit strahlend, zehn Meter gegen den Wind nach billigem Parfüm `duftend´. Große Freude auf beiden Seiten! Könnten wir uns doch mal erkenntlich zeigen! Sogar zum Tanzen würden die Mädchen mit uns gehen, wie sie uns lachend erklären. Wir lachen zurück. Aber uns fehlt leider die Gelegenheit. Einige Tage später wühlen wir in einer Nebenstraße. Eine der Frisösen entdeckt uns. Bald taucht sie mit Zigaretten auf, die nächste mit einem Stück Brot, eine dritte nur auf ein Schwätzchen.
So kommen sie tatsächlich alle mal vorbei. Doch hinter einem `Plennie´ schließen sich nun mal abends die Lager-

Tore. Für Mädchenbekanntschaften fehlen uns Zeit und Gelegenheit.

Im Lager spricht sich herum, wo wir arbeiten. Schon bringen uns die Kameraden selbstgebasteltes Spielzeug, Nähkästchen, Zigarettendosen aus Aluminiumblech und ähnliches. Können wir sie vielleicht verkaufen?

Die Sparbüchsen-Häuschen meines Bettnachbarn, die ein anderer hübsch bunt bemalt hat, sehen wirklich niedlich aus. Ich probiere es erst mal mit zweien. Neben mir stelle ich sie auf den Gehweg, und schon bald bin ich beide los. Ein kleiner Junge sieht die Häuschen und lässt nicht locker, bis seine Mutter ihm eins kauft. Die Frau gibt mir nicht nur die geforderten fünf Rubel. Diesem freundlich lächelnden jungen Deutschen gibt sie noch zwei dazu. Für Zigaretten?

Sie lächelt vergnügt zurück. Ein einträgliches Geschäft! An jedem verkauften Häuschen verdiene ich zwei Rubel. Ich packe mir gleich fünf solcher Teile ein und verkaufe auch die. Nun versuchen alle, es mir nachzumachen, und wir setzen wohl etliche Hunderter um. Die Hersteller sitzen nicht selten bis in den frühen Morgen, um unsere vielen Kunden zufriedenzustellen.

Nur einmal läuft etwas schief. Ein Kumpel kann den Hals nicht voll kriegen. Gleich zwanzig solcher Teile verstaut er in einem Sack. Den entdeckt die Wache, und wir werden alle gefilzt. Was da an lauter hübschen Sachen zutage kommt, versetzt sogar uns ins Staunen. Weil unser Kommando immer als eins der letzten losgeht, filzt uns niemand mehr. Im Gegenteil! Bevor wir abgeholt werden, sollen wir die Teile in die Wachstube tragen.

Was davon in unseren Taschen verschwindet, sieht keiner. Ja, mit der Zeit haben wir bestens gelernt, uns geschickt über Wasser zu halten.

24. Kapitel: Schneeweiße Bäckerschürzen

Ein neues Kommando mit Namen `Lepse´, auch mit einem `Antroptschinesen´ als Führer, fordert mich an. Was soll der sonderbare Name bedeuten? Nach einer Fahrt durch die ganze Stadt hält der Lastwagen vor einem hohen Fabriktor. Sieht das nicht nach einer Eisengießerei aus? Oh weh, du liebe Scheiße! Mit hasserfüllten Blicken empfängt uns eine ältere Jüdin. Anstelle einer Begrüßung lässt sie uns wissen, wir miesen deutschen Schweine haben ihren Mann auf dem Gewissen. Na, das kann ja heiter werden! Ich schenke der armen Alten mein nettestes Grinsen, vielleicht eine Spur zu höhnisch? Anscheinend schließt sie mich auf der Stelle besonders in ihr hassendes Juden-Herz.
Inzwischen wieder einmal Herbst, nachts schon empfindlich kalt geworden, hat es eine Menge für sich, in einem geschlossenen und warmen Raum zu arbeiten. Hier jedoch wird es uns deutlich zu heiß. Zu viert werden wir in die Formerei an eine Maschine gestellt. In der Halle stehen sechs Formmaschinen, an denen unterschiedliche Formen hergestellt werden. Auf der anderen Seite des Fließbands gibt es diverse kleinere Pressen für Schrauben, Muttern und so weiter, die abwechselnd von einem Deutschen und einer Russin bedient werden. An genau eine solche Presse komme ich.

Mein Lebtag bin ich keine Fabrikarbeit gewohnt, und dann gleich in einer Formerei! Man zeigt uns den Vorgang, gibt uns die Norm bekannt und überlässt uns unserem Schicksal. Ich fabriziere einen `Murks´ nach dem anderen. Es geht mir jedoch nicht allein so. Nach kaum einer Stunde sind wir schwarz wie die Schornsteinfeger. Zum Formenpressen wird Ruß, Graphitstaub und etwas feuchter Sand verwendet. Oberhalb ist ein großer Trichter angebracht, daran eine Zugvorrichtung. Mit dem Fuß bedient man die Maschine, die mit viel Lautstärke das Stampfen erledigt. Bin ich im Straflager gelandet? Nach zwei Tagen mit der Knochenarbeit fällt am Schüttelrost jemand aus. Sofort holt die Alte mich dort hin. Kommt die Form auf dem Fließband aus der Gießerei, läuft sie am Schüttelrost vorbei. Beim Herunternehmen fällt sie auseinander. Übrig bleibt der glühende Guss. Mit einer Zange wird er auf den bereitstehenden Wagen geladen und danach zum Auskühlen abtransportiert. Die Hitze, die dabei entsteht, ist kaum zu beschreiben. Auf die Art werden Zahnräder, sowie schwere Bügeleisen und große Eisenteile gegossen.

Eine verfluchte, sauschwere Arbeit! Asbesthandschuhe und Stiefel nützen wenig. Bald sind Hände und Füße voller Brandblasen. Aus den glühenden Formen steigen giftige Gase auf.

Ich bin dem Verzweifeln nahe, zum Entzücken meiner jüdischen `Freundin´. Mit ihren stechenden Argusaugen beobachtet sie mich ständig. Zum Glück finde ich Unterstützung bei den beiden Russen und ihrer Kollegin, die mit mir zusammenarbeiten. Jeden Morgen haben sie etwas Essbares für mich zur Stärkung und freuen sich, wenn ich mich auf Russisch herzlich dafür bedanke. Hier verdient jeder Arbeiter horrendes Geld, sieht aber dafür aus wie der leibhaftige Tod.

Nach einer Woche bin ich am Ende meiner Kräfte. Ich zeige der Ärztin meine Brandblasen, doch sie denkt nicht an Krankschreiben. Ich solle mir eben eine leichtere Arbeit geben lassen. Ja, aber wie denn bei der gehässigen Alten? Ich beschwere mich beim leitenden Ingenieur, der mich zu einer Presse für Zahnradformen schickt, an der vier Mann beschäftigt sind. Die Alte würde mich sicher am liebsten umbringen, so wie sie mir hinterher schaut. Was habe ich ihr eigentlich getan?

Unsere Hosen und Jacken sind inzwischen so schwarz, als ob sie tatsächlich naturschwarz wären. Aber wie zieht man sich um, wenn man bloß die eine Garnitur besitzt? Wir sind uns einig: So kann es auf keinen Fall weitergehen! Wir müssen ja auch in den dreckigen Klamotten schlafen, weil wir keine Decken haben. Beim Einsatzleiter bitte ich um eine zweite Garnitur Unterwäsche und Oberbekleidung. Er schickt mich zum Lagerführer, und der geht mit uns zum russischen Kommandanten. Der versteht unsere Bitte, kann uns aber leider auch keine zweite Garnitur besorgen. Er macht jedoch in der Fabrik zur Bedingung, dass uns Arbeitskleidung zur Verfügung gestellt wird.

Am anderen Morgen vertröstet man uns. So schnell lässt sich nichts Passendes für uns besorgen. Wir sollen uns bis zum Nachmittag gedulden. Wir gedulden uns also. Notgedrungen, und sind gespannt auf die neue Arbeitskleidung. Gehen an die Pressen, in den rabenschwarzen Klamotten. Am späten Nachmittag werden sie uns präsentiert. Voller Stolz! Bäckerschürzen! Schneeweiß! Vor Lachen müssen wir uns erst mal hinsetzen. Das ist aber auch zu komisch! Ein Bild für die Wochenschau, so ulkig sehen wir aus. Schwarz wie die Mohren, mit leuchtend-weißen Schürzen. Den Grund für unsere Heiterkeit können die verwunderten Russen logischerweise nicht verstehen. Hätten wir doch einen Fotoapparat, um unseren Lieben daheim später zu zeigen, wie hübsch wir ausstaffiert wurden.

(Noch heute, wenn ich so viele Szenen aus diesen Jahren deutlich vor mir sehe, würde ich manches zu gerne auf

Fotos präsentieren können. Mit Worten lässt sich vieles ja nur schwer beschreiben.)

Eins haben wir zumindest erreicht mit unserem Protest: Wir dürfen uns jeden Abend den Dreck so gut wie möglich abduschen. Allerdings färben unsere schwarzen Sachen uns hinterher gleich wieder schön dunkel ein. Doch wen stört das im Dunkel der Nacht?

Die Formen müssen auf dem Fließband verankert werden. Eine in den Tunnel heruntergefallene Form hält diesen Vorgang unnötig auf. Einmal verschont dieses Pech auch uns leider nicht. Wutschnaubend eine lange Brechstange schwingend, stürzt meine `Freundin´ auf mich zu. Mit ihrer keifenden Stimme wirft sie mir Sabotage vor und zwingt mich, in den zu niedrigen, viel zu engen Tunnel hineinzukriechen, um die Form mitsamt dem glühenden Zahnrad hervor zu angeln. Keuchend krieche ich rückwärts heraus und sehe das bösartige Grinsen direkt vor mir.

In dem Moment ist mir alles völlig egal. Auf dieses Weib zuspringen, ihr die Brechstange aus der Hand reißen und zuschlagen ist eins. Gott sei Dank! Mein Kumpel kann rechtzeitig reagieren und fällt mir in den erhobenen Arm. Wegen dieses Miststücks so ein Unheil? Nein, das ist die Alte nicht wert!

Natürlich muss ich antreten, vor dem Ingenieur und dem Politoffizier, komme aber mit einer strengen Ermahnung davon. Anscheinend sind die Methoden dieser fanatischen Aufseherin ihnen gar nicht unbekannt.

„Noch mal Schwein gehabt, was, Günter?“, grinst mein so geistesgegenwärtiger Kumpel, und ich bedanke mich von Herzen für seine spontane Hilfe. Hätte ich ohne sein beherztes Eingreifen noch eine Chance auf die Heimat?

Auch der Einsatzleiter wird von dem Vorfall informiert und befreit mich sofort von diesem Höllenkommando. Meine zweihundertfünfzig Rubel Monatslohn bekomme ich trotzdem ausgezahlt.

25. Kapitel: Weihnachten 1948

Nachdem ich noch für ein paar Tage Telefonleitungen verlegen durfte, heißt mein nächstes Kommando die `Dritte Base´. Nicht `Base´ wie Cousine. Eine Verteilungsstelle für Kartoffeln und Gemüse erwartet mich.

Sie besteht aus zehn riesigen Bunkern voll mit Kartoffeln, Wruggen(Steckrüben), Rote Bete, Mohrrüben und ähnlich guten Dingen. Die Lagerung bedarf äußerst sorgfältiger Pflege, denn von hier aus werden die Werkskantinen, genannt `Stalojen´, versorgt, außerdem die verschiedenen Magazine, so auch unser Lager. Zu sechst gehen wir den sortierenden Frauen zur Hand. Vier Mann sind den Lastwagen zugeteilt, die Bestellungen ausliefern.

Der Fahrer Nikolaj, Willi Scholtz aus Köln und ich bilden eine LKW-Besatzung. Dreiundvierzig Zentnerkisten sind es jedes Mal für eine Ladung. Am ersten Abend tun meine Schultern verdammt weh von dem ungewohnten Gewicht. Zum Ausgleich werden wir überall nach dem Abladen gut versorgt.

Nach Feierabend verrät uns Nikolaj sein Versteck für Kartoffeln: Im abschließbaren Reparaturkasten vermutet kein Kontrolleur eine solch heimliche Fracht. Ich leiste mir mein erstes Eigentum bei einem Schneider. Ein Hemd, dazu eine Hose aus Wolldeckenstoff. Beide Teile eignen sich nämlich hervorragend zum abendlichen Kartoffel-Transport. Nachdem wir drei uns prima aufeinander eingespielt haben, weiht Nikolaj uns in sein Geheimnis ein:

Er hat gut bezahlende Abnehmer für je drei Zentnerkisten pro Fuhre. Egal, was wir geladen haben. Beim ersten Mal ist uns nicht wohl in unserer Haut. Ab dem zweiten Mal sehen wir es schon lockerer, wenn plötzlich drei Kisten verschwinden. Vom Erlös nimmt Nikolaj sich die Hälfte, die andere ist für uns. Täglich verdienen wir auf die Weise um die fünfzig Rubelchen extra. Bei jeder ersten Morgenfahrt leisten wir uns ein gutes Frühstück, nachmittags ab und zu sogar den Luxus eines Stück Kuchens! Haben wir Zwiebeln `verschoben´, die im Handel besonders teuer sind, gönnen wir uns an einem der Stände, die man fast an jeder Ecke findet, einen kräftigen Wodka. Willi und ich sind inzwischen Stammgäste in der Lagerkantine.

Ist an manchen Tagen weniger zu fahren, helfen wir im Bunker mit aus. Bei den zwanzig überwiegend jüngeren Frauen geht es oft richtig fidel zu. Eine hat es auf mich abgesehen. Ihr Vater sitzt als Magazinverwalter direkt an der Quelle. Jeden Morgen bringt sie mir heimlich ein Päckchen belegter Brote und Zigaretten mit. Mein erster Weg führt mich zum versteckten Ort der Übergabe.

Willi zieht mich öfter grinsend damit auf: „Eigentlich musst du sie dafür mal ´n bisschen auf ihren süßen Hintern kloppen, was, Günter?“ Womöglich erwartet sie genau das. Auch die anderen Frauen würden das sicher nicht ungern sehen, doch unser alter Chef, dick wie seine Kuh, dabei flink wie ein Wiesel, passt höllisch auf seine Mädchenschar auf. Ich komme bestens mit ihm zurecht. Oft unterhalten wir uns angeregt.

Einmal erzählt er mir, er wolle seine Kuh schlachten und das Fleisch auf der Börse verkaufen. Wer in Leningrad etwas verkaufen will, mietet sich dort einen Stand. Er sucht zwei Leute, die seinem Schlachter zur Hand gehen. Schon früh um vier muss geschlachtet werden, denn ab acht Uhr geht der Verkauf los. Er holt sich im Lager die Erlaubnis, uns so früh von Nikolaj abholen zu lassen. Die Aktion geht planmäßig über die Bühne. Wir fahren mit dem Fleisch zum Tierarzt und von dort direkt an den Verkaufsstand. Bereits mittags ist alles in Kilo-Portionen verkauft. Zum Dank werden wir in die Wohnung des Chefs eingeladen. Hier sehe ich zum ersten Mal eine für Russen untypische Wohnung, wie wir sie gewohnt sind. Eine Zwei-Zimmer-Wohnung mit Wohn- und Schlafzimmer anstelle der sonst üblichen Einraum-Behausungen. Ja, er als Direktor stellt eben etwas dar in Russland.

Am liebsten fahren wir auf dem Güterbahnhof Zwiebeln ab. Wird ein Güterzug erwartet, marschiert das ganze Kommando zum Kistenfüllen, die wir zum Abtransport in den LKW laden. Weil Zwiebeln eine solche Seltenheit sind, ist der Waggon ständig umlagert von Zivilisten. Unser Aufseher wird also auf dem Bahnhof gebraucht. Für uns bedeutet das `Freie Bahn´. Bei einer Ladung Tomaten läuft das Spielchen ähnlich ab. Laden wir unsere Kisten irgendwo ab, kundschaftet Nikolaj aus, in welchen Ecken die besten Sachen stehen, bevor er mit dem verantwortlichen Russen in dessen Büro verschwindet. Wir beeilen uns mit dem Abladen und ziehen los. Stets genau nach Nikolajs Anweisung.

Was uns da alles in die Finger kommt: Gurken, Äpfel, sogar Mandarinen, volle Flaschen jeder Art. Ähnlich wie im Schlaraffenland? Sind wir ein Stück gefahren, halten wir, um den Reichtum gerecht aufzuteilen. Denn wieder steht Weihnachten vor der Tür. Weihnachten 1948, das wir doch ganz gewiss mit unseren Familien zu feiern gedacht haben. Es soll nicht sein, trotz aller Versprechungen.

Dafür wollen wir uns dieses hoffentlich letzte Fest fern der Heimat noch besonders schön machen. Jeden Tag schleppe ich Kartoffeln bei, versuche, auch an Gurken und ein paar Zwiebeln zu kommen.

Einen `anständigen´ deutschen Kartoffelsalat soll es am Heiligabend geben. Daran gehört vor allem gutes Öl. Kein Problem, das besorge ich. Ein anderer Kumpel organisiert in der Sperrholzfabrik hochprozentigen Alkohol. In einer extra dafür konstruierten Flasche, um den Bauch gebunden, bringt er bis Anfang Dezember volle drei Liter heim. Wenn wir schon feiern, dann richtig! Ein halbes Pfund Kaffee kaufen wir und brauen daraus, mit reichlich Zucker, den herrlichsten Mokkalikör. Früh am 24. wird der Salat vorbereitet. Für Weißbrot und Margarine sorge ich. Jemand holt irgendwoher eine ganze, besonders leckere Wurst.

Gegen Abend müssen wir eine letzte Fuhre Kartoffeln zu einem Juden ins Magazin bringen. Wir laden sie ab, wollen ihm höflich „Frohe Weihnachten!“ wünschen.

Er lächelt: „Nun, Kamerad, du heute an Weihnachten nicht in Heimat?“ Muss der Idiot uns ausgerechnet daran erinnern? Wir schlucken an unserer Enttäuschung. Habe ich nicht schon zum letzten Weihnachtsfest an mein Lilo-Frauchen geschrieben: „Mögen wir mit Gottes Hilfe im nächsten Jahr das Fest gemeinsam feiern dürfen.“

Wir dürfen es leider nicht. Unsere betrübten Gesichter sprechen wohl Bände, denn mit verschmitztem Gesicht winkt er uns in einen Nebenraum. Uns gehen die Augen über! Für jeden hat er eine halbe Flasche Wodka hingestellt, dazu Brot und Wurst. „Weil ist Weihnacht heute. Auch für euch, Kamerad!“ Mit feuchten Augen setzen wir uns an seinen Tisch und lernen zum ersten Mal, wie man in Russland richtig Wodka trinkt. Einen Brocken Brot und ein Stück Wurst kurz durchkauen, darüber den Wodka laufen lassen. Wir machen unsere Flaschen leer. Wie das Zeug durchwärmt, von innen! Und es bringt uns in die rechte, selige Weihnachtsstimmung. Nikolaj gibt Gas, weiß er doch, was im Lager auf uns wartet.

Die Feier soll gerade losgehen, als wir ankommen. Kumpel Horst, ein Berliner, hat alles liebevoll für uns zehn Leute unserer Brotgruppe zurechtgemacht. Der Kartoffelsalat ist `ne dicke Wucht´, wie Horst mit Heimwehtränen in den Augen ausdrückt, und wird von allen sehr gelobt und ungewöhnlich langsam, andächtig, Löffel für Löffel, genossen. Aus dem Hochprozentigen haben wir sieben Flaschen gezaubert. Damit locken wir andere Kameraden an. Schließlich sind die meisten `blau wie die Veilchen´. Dazu hat auch die Kantine beigetragen. Man hat mehrere Fässer Bier anfahren lassen. Das randvolle Kochgeschirr für nur sieben Rubelchen. Es ist das einzige Mal, dass ich in der langen Zeit meiner Gefangenschaft richtig betrunken bin. Jedenfalls kommen wir gut hinweg über die Sehnsucht nach unseren Lieben an diesem Weihnachtsfest 1948 in Leningrad. Am ersten Feiertag schleichen wir allerdings mit reichlich dicken Köpfen an unsere Arbeit.

(Wie ich mich erinnere, haben wir an diesem letzten Weihnachtsabend in Russland auch gesungen. Mit unseren rauen, heiseren Stimmen zuerst nur verhalten die alten Weihnachtslieder. Mit steigendem Alkoholpegel immer lauter die Schlager der Dreißigerjahre, auf die wir uns wehmütig besinnen. Kaum einer, der nicht bei irgendeiner Strophe losgeheult hat. Auch die Berliner `Großschnauze´. Ach, Lilli Marleen, du Trost aller bangen Soldatenherzen! Was wären wir gewesen ohne deine Laterne vorm großen Kasernentor?)

26. Kapitel: Jahn, Walter Gunter, der Letzte

Immer mehr schwinden in uns der Galgenhumor und der feste Glaube an eine baldige Heimkehr. Am Silvesterabend fragt jeder sich: Was wird wohl dieses neue Jahr 1949 für uns bringen? Dürfen wir sie endlich wiedersehen, unsere Liebsten? Wieder gibt es zu diesem besonderen Tag in der Kantine Wodka und Bier zu kaufen. Den halben Liter Wodka allerdings für einhundertdrei Rubel. So gut sind wir ja auch nicht bei Kasse.

Der Januar geht ins Land mit extremer Kälte. Doch an die haben wir uns im Lauf der Jahre gewöhnen müssen, sie macht uns nur noch wenig aus. Auch wenn wir die Köpfe hängen lassen, kann uns niemand den Glauben an einen neuen Frühling nehmen.

Die langen Winterabende nutzen die Russen dazu, uns mit Schulungskursen zu übersättigen. Vorträge an jedem zweiten Abend. Leninismus–Stalinismus, dialektischer Materialismus, Marxismus. Natürlich vor allem der fast erstaunliche, ja phänomenale Aufstieg im Osten Deutschlands, der sogenannten DDR, der bewundernswerten \`Deutschen Demokratischen Republik´.

Alle zu unserer Verfügung stehenden Zeitungen sind ostzonale Ausgaben. Sollen wir alles glauben, was wir in ihnen zu lesen bekommen? Wir werden unsicher, stellen uns gegenseitig leise Fragen, finden keine Antworten. Westdeutsche Nachrichten? Gar nicht daran zu denken! Wir reden uns natürlich immer wieder ein, wie gut es ihnen gehen muss, unseren Angehörigen. Was hat man in der Heimat durch die \`Erfüllungspläne´ bereits an Wundern geschaffen? Fließt dort nicht inzwischen Milch und Honig in Strömen? Lassen wir einen verherrlichenden `Glorienschein´ über unserer lange entbehrten Heimat schweben?

Ein Tag schleppt sich stupider dahin als der andere.

Arbeit bedeutet Abwechslung. Kehren wir abends zurück ins Lager, häufen sich die Parolen. Die einen machen uns Mut, die anderen lassen ihn sofort wieder sinken. Auf den Nullpunkt! Wie der Ertrinkende an einen dünnen Strohhalm klammern wir uns an die positiven. Eine Parole sagt, wir fahren geschlossen nach Hause. Am 9. April.

Woanders hören wir, das gesamte Lager wird nur verlegt. So kann man die Zeit auch totschlagen. Ganz plötzlich werden zwanzig Kranke ausgesucht und tatsächlich auf die Heimreise geschickt. An einem nächsten Abend werden aus heiterem Himmel sieben kerngesunde Kameraden, angeblich als `Bestarbeiter´, zum Bahnhof gebracht. Richtung Deutschland! Wir übrigen sind ratlos und mal wieder am Verzweifeln. Was hat man mit uns vor? An etwas anderes denken wir kaum noch, rund um die Uhr.

Es gibt wieder Versetzungen in andere Lager. So weit wie möglich lässt man uns im Dunkeln tappen. Reine Schikane? Wir können es nur vermuten.

Wieder wird es Ostern und endlich wärmer. Die neuste Parole: Das vollständige Lager fährt in aller Kürze heim. Heißt das wir alle? Ich kann nur die Hände falten. Ob das hilft? Darf ich wirklich bald daheim sein bei Frau und Kind? Meiner Lilo antworte ich auf ihren ausführlichen Brief: *„Deine lieben Zeilen haben mir meinen Glauben an eine recht baldige Heimkehr wesentlich verstärkt, und eines Tages wird es sein!“*

Mitte Mai wird unser Kommando aufgelöst. Ein gutes Zeichen? Denkste! Auf zum Häuserbau nach `Awtowo´. Alles bleibt beim Alten. Mal wieder nur eine Verschiebung?

Mit meinem Kumpel Fritz Richter mache ich als `Tischler Walter Gunter´ meinen Job ziemlich ordentlich. Wieder genieße ich am meisten die Straßenbahnfahrten morgens und abends. Hübsche junge Russinnen in heller, luftiger Sommerkleidung muntern uns auf, machen Appetit auf unsere deutschen Frauen. Der Gedanke setzt sich fest in unseren Köpfen: In diesem Jahr werden wir zu Hause sein. Oft und ausführlich sprechen wir darüber, wie es jetzt dort aussieht zur Zeit der Baumblüte. Ganz gewiss dürfen auch wir diesmal von der Ernte zehren!

Dann steht Pfingsten im Kalender. Wir werden wohl nicht viel davon merken. Ein Irrtum!

Pfingstmontag, der 9. Juni. Für uns bloß ein gewöhnlicher Arbeitstag. Zum Feierabend wird uns nach dem Essen eine wichtige Lagerversammlung angekündigt. Jede Menge bedeutende Offiziere haben sich angesagt, sogar ein hoher General. Derselbe Quatsch wie gewöhnlich? Essen im Schnellverfahren. Die saubersten Sachen anziehen, falls wir so was überhaupt haben. An diesem warmen Sommerabend findet die Versammlung auf dem Hof statt. Alles ist bestens vorbereitet zum Empfang der hohen Herren.

Was tuscheln die Posten da, - hinter vorgehaltener Hand? „Kamerad! Domoi!" Heißt das etwa: „Kameraden, ihr nach Hause?"

Eine Karawane von bestimmt fünfundzwanzig Offizieren hat ihren großen Auftritt. Sie nehmen feierlich Aufstellung im Musikpavillon. Der General hält seine übliche Schmus-Rede. Wie gut es uns in den vergangenen Jahren ging im schönen russischen Land. Er lobt die großartige Sowjet-Union und den großartigen Stalin. Jedes Mal bei diesem Namen stehen wir auf, schwenken die Mützen zu unseren kümmerlichen Hurra-Rufen. Sind wir im Zirkus?

Dann endlich das Unfassbare: Dass jetzt Frieden sei auf der ganzen Welt. Dass wir alle gute, ja, vorbildliche Arbeit geleistet haben. Zur Belohnung, - ja, er sagt es genauso: `zur Belohnung´, - sollen wir in die Heimat zurückkehren. Uns steht der Mund offen, während seine Rede weitergeht:

Wie zutiefst dankbar wir sein müssen, weil wir diese Heimat, ohne Hitler, als eine neue, herrliche vorfinden werden. Schon sehr bald, nämlich am 19. Juni, wird unser komplettes Lager abends von Leningrad aus Richtung Deutschland abfahren.

Dann die Überraschung für ihn und sein großes Gefolge: Anstelle des erwarteten Jubelausbruchs tiefes Schweigen. Verblüffung auf allen Gesichtern und die Frage an den Dolmetscher, ob wir uns nicht freuen über die unerwartete Nachricht? Wir seien zu oft, zu bitter enttäuscht worden, übersetzt der unsere Antwort. Ob wir an ihm als Ehrenmann zweifeln, lässt er uns fragen. Die Sache sei amtlich, wir hätten garantiert sein Generals-Ehrenwort.

Wie unter einem Zwang kommt bei uns die kurze, eher verhaltene Freude auf. Noch kämpfen wir gegen unseren Argwohn. Der kann viel reden, der Dicke! Können wir uns wirklich auf sein garantiertes General-Ehrenwort verlassen?

Diskussionen in Gruppen folgen der Versammlung. Mit dem einhelligen Ergebnis: „Leute, freut euch nicht zu früh. Lasst uns abwarten. Wie immer."

Auf allen Baustellen herrscht Hoffnungsstimmung mit einem gewissen Unterton. Jeder einzelne Tag vergeht schleppender als die fünf Jahre unserer Gefangenschaft.

Immer sehe ich die erwartungsvollen Gesichter meiner Familie vor mir. Werden sie ihren `verlorenen Sohn´ bald endlich in die Arme schließen dürfen?

Am 12. Juni heißt es morgens beim Ausrücken: „Heute ist für euch alle der letzte Arbeitstag. Ab Montag beginnt die Registrierung und Einkleidung.“ Endlich kommt die bis jetzt verdrängte, echte große Freude in uns auf. Mit Humor und fröhlichem Gesang geht uns bei strahlendem Sonnenschein die letzte Arbeit leicht von der Hand. Die Posten lassen uns bis 16 Uhr nochmals kräftig reinhauen, danach ist nur noch Werkzeugabgabe und Aufräumen angesagt. Wir wundern uns, wozu die Russen lauter alte Eisenteile brauchen, die sie eifrig zusammentragen und rundherum aufhängen.

Kurz vor 16 Uhr gehen sie von einem zum anderen mit ihrem allerletzten `Befehl´: Pünktlich zur vollen Stunde soll jeder von uns an ein solches Eisenteil schlagen. Wir schauen fragend, begreifen schnell, was sie damit vorhaben. Für zehn Minuten tönt es von allen Eisen gleichzeitig: „Hier ist Feierabend für uns, die ehemaligen deutschen Kriegsgefangenen. Für immer Feierabend!“ Auch unsere Posten gongen nach Leibeskräften mit, und es klingt in unseren Ohren so zauberhaft und befreiend, als würden sämtliche Glocken von Leningrad jubelnd mit uns läuten.

Eine gewaltige Abschiedsmelodie!

In den umliegenden Häusern werden alle Fenster weit aufgerissen. Viele Hände winken uns zu. Diese unerwartete Begeisterung ist rührend. Direkt ansteckend! Im Hauruck-Verfahren wird das Aufräumen erledigt. Noch einmal betrachtet jeder sein Werk und seine Arbeitsstätte. Manche waren nur auf dieser Baustelle eingesetzt. Zum Stückchen Heimat ist sie ihnen geworden in der langen, harten Zeit. Unter fröhlichem Zurufen und Winken verlassen wir `Awtowo´. Die sonst stets gestrengen Posten bummeln gemütlich hinterher, als gehörten sie gar nicht länger dazu.

In der Straßenbahn setzen sie sich, wie selbstverständlich, mitten zwischen uns. Ob sie uns womöglich beneiden? Würden sie uns gerne heim nach Deutschland begleiten? Sie sagen ein paarmal, und es klingt fast wie bedauernd: „Kamerad, du bald fahren in die Freiheit."

Aber was wissen wir denn noch von dieser gepriesenen Freiheit? Sind jetzt nicht in unserem Deutschland alle die Besatzungsmächte stationiert? Wir wissen kaum etwas über unser Heimatland. Als wir zuletzt dort gewesen sind, herrschten trotz der Kriegswirren einigermaßen geordnete Verhältnisse. Jetzt soll unser geliebtes Vaterland besetzt sein von fremden Truppen? Wie sieht die Wirklichkeit aus? Solche Gedanken plagen uns schon viel zu lange.

Heute jedoch lassen wir lieber die frohen Gedanken an unsere glückliche Heimkehr zu und verscheuchen die trübe Vorahnung.

Unsere `letzte Fahrt´ wird zu einem besonderen Erlebnis. Die Gewissheit, dass uns alle der mitfahrenden Russen von Herzen eine gute und glückliche Heimkehr wünschen, lässt uns diese langen, so schweren Jahre im Moment beinah vergessen. Im Lager ist die Atmosphäre völlig ungewohnt. Weit geöffnete Tore, nur wenige Posten, keine Filzung. Der Sonntag steht im Zeichen unseres baldigen Abtransports. Tatsächlich wird es unser letzter Sonntag im Lager `Kanjuschna´.

Die Einkleidung beginnt. Wir bekommen neue Hosen und Jacken aus den Restbeständen. Es sind kaum getragene Uniformen der deutschen Wehrmacht, gegen Kriegsende von unseren besiegten deutschen Soldaten erbeutet.

Nach der Sauna werden wir frisch rasiert. Wir beginnen, uns allmählich als zivilisierte Menschen zu fühlen. Welche Ewigkeit ist das her! Am Dienstag wird gemunkelt, uns würde sogar noch das im letzten Monat verdiente Geld ausgezahlt. Keiner glaubt das. Doch tatsächlich erscheint abends der Zahlmeister mit zwei Gehilfen. Während der ganzen Nacht zählt er jedem, der im vergangenen Monat noch in den Arbeitsprozess eingegliedert war, seine schwerverdienten zweihundertfünfzig Rubel in die Hand. Für uns eine solche Menge Geld! Wie kleine Kapitalisten kommen wir uns vor. Morgens ist die Kantine zu unserer Freude aufgefüllt mit teilweise direkt ausgefallenen Waren. Wieder gehen uns die Augen über. Gleichzeitig wird durchgegeben, wir dürfen nicht ein einziges von unseren kostbaren Rubelchen mitnehmen.

Im Klartext: Alle zweihundertfünfzig Rubel müssen noch ausgegeben werden. Durch meinen `kleinen Handel´ habe ich nebenher noch einige Rubel mehr in der Tasche, nach russischen Verhältnissen bin ich also wirklich beinahe ein `Kapitalist´. Ich habe daher noch einiges in Waren umzusetzen vor unserer Abreise.

Die rasch eingerichtete Bierstube ist natürlich bis spät in die Nacht hinein voll besetzt. Auch ein altes Klavier gehört zum Inventar, und die Bombenstimmung steigt rapide mit der Menge des Alkoholkonsums. Sollen wir durch ein paar schöne Stunden die Gedanken an all die furchtbare Zeit verdrängen, um später in der Heimat eher nur das Gute zu berichten?

Unsere bierselige Bombenstimmung schlägt jedoch ganz plötzlich ins krasse Gegenteil um. Schon weit nach Mitternacht werden verschiedene Kameraden von ihren Pritschen geholt. Sie müssen sich zum Abtransport bereithalten.

Wohin? Wir bekommen keine Antwort und sind völlig geschockt. Ohne sie werden wir in die Heimat fahren?

Jeder rechnet automatisch damit, dass dieses Schauspiel sich jeden Augenblick wiederholen kann. Wer von uns ist dann an der Reihe? Ja, sind wir denn im Irrenhaus? Unsere Nerven liegen blank. Die fieberhafte Spannung im Lager wird unerträglich. Erst am Nachmittag werden nochmals zehn Mann herausgeholt. Ziel unbekannt! Wieder erhoffen wir vergeblich eine Begründung. Die Stunden bis zum Sonntag werden deprimierend endlos.

Die Russen haben immer neue Überraschungen parat. Am Freitagmorgen heißt es plötzlich, ob wir Lust haben, die `Eremitage´ zu besichtigen. Abmarsch pünktlich um 9 Uhr. Die `Eremitage´, das größte Museum von Leningrad, im `Winterpalais´, dem ehemaligen Zarenschloss direkt am `Roten Platz´. Es zeigt den Werdegang des riesigen russischen Reiches, den Prunk der Zaren bis hin zur heutigen `Schlichtheit´. Eine der berühmtesten Gemäldegalerien der Welt ist dort untergebracht. Um alles zu sehen, braucht man bestimmt mehrere Tage.

Ungefähr tausend Kameraden folgen dem Aufruf, und ich muss sagen, dieses Erlebnis erweist sich als das allerschönste während meines Aufenthalts in Russland. Wie dankbar bin ich für solche gelungene Abschiedsüberraschung! Bis zum späten Nachmittag können wir uns nicht sattsehen an den unermesslichen Schätzen und an diesen wundervollen Kunstwerken.

Der Rückmarsch erfolgt recht zwanglos. Wir schlendern zu dritt durch die Straßen. Als halbfreie Bürger, fast wie Touristen. Sehen die Leningrader uns mitleidig hinterher? Oder eher wehmütig, weil sie wissen, wir dürfen schon bald in die Freiheit fahren, nach denen sie sich hier sehnen? An diesem Abend zählt uns niemand mehr durch, und auch die Tore bleiben unverschlossen. Jeder darf ungestraft sogar erst deutlich nach zehn Uhr zurückkommen. Von den Erlebnissen dieses langen Tages noch schwer beeindruckt, gehen wir früh schlafen. In den letzten Tagen ist es doch meistens sehr spät geworden.

Am Samstag zählen wir unsere restlichen Rubel durch. Was sollen wir noch kaufen von diesem hübschen Rest? Gehen wir noch mal in die Stadt, schlägt mein Bettnachbar Harry vor. Ich frage bei der Wache um Ausgang nach.

Mit einem ausgesucht höflichen „Paschaulster!" („Bitte sehr!") sind wir entlassen und trotteln zu dritt los. Harry hat auch die Schnapsidee. Aus einem schwarzen Stück Tuch schneidet er für jeden eine Krawatte. Einen `Schlips´, wie sie in Hamburg genannt wird. Kichernd helfen wir uns gegenseitig, um den einigermaßen manierlichen Knoten zustande zu bringen mit unseren inzwischen so arg ungeschickten Fingern.

„Gentlemen, Ahoi!", grinst Harry, hochzufrieden mit unserem neuen Anblick. Wir bummeln über den `Newsky-Prospekt´, Leningrads mehr als vier Kilometer lange Hauptstraße, durch mehrere Kaufhäuser und verschiedene Geschäfte. Überall, wo man uns `Wojna-Plennies´ erkennt, werden wir überaus freundlich und bevorzugt bedient. Niemand lässt uns warten. Ich will unbedingt noch einmal in unser Stamm-Magazin, in dem wir uns so häufig mit Nikolaj zum Frühstück gestärkt haben. Von den netten Verkäuferinnen muss ich mich wenigstens verabschieden.

In einer kleinen Nebenstraße stoppt neben uns ein LKW. Sieh mal einer an! Nikolaj und Mischka vom Gemüse-Kommando staunen uns an wie Wundertiere, wollen sich kaum beruhigen, wie adrett wir Kriegsgefangene daherkommen. Keine Frage, wir müssen mit ihnen noch einen kleinen Abschiedswodka trinken. Wir laden sie auf einen zweiten ein. Beim dritten vergessen sie ihre Fuhre. So viel gibt es noch zu `beklönen´. Der Abschied von einem nahen Verwandten kann nicht schwerer sein. Sind wir während unserer Zusammenarbeit mit ihren Freuden und Leiden die allerbesten Freunde geworden, die gegenseitig den Menschen sehen und nie das frühere befohlene Feindbild. Als Freunde gehen wir auseinander mit mehreren herzlichen Umarmungen und Nikolajs abschließenden Worten: „Gibt es wieder Krieg, ich bin in Gefangenschaft beim Ami, ihr mich behandelt wie Nikolaj euch in Russland. Ja?“

Wir lachen. Nein, Nikolaj, nie wieder wollen wir Krieg! Den Besuch im Magazin haben wir über dem Wodka nicht vergessen. Auch hier ein fröhliches Flachsen, halb russische Brocken, halb deutsche. Ohne zu übertreiben: Wir schmucken Kerle bringen die Mädchenschar ziemlich durcheinander. Jede will uns bedienen. Für uns lassen sie ihre Landsleute gerne warten. Unsere letzten, so schwer verdienten Rubelchen lassen wir ihnen hier. Der Spaß und die ehrliche Freude in diesen strahlenden Gesichtern ist uns das Taschenschleppen doppelt wert. Mit vielen guten Wünschen verabschieden sich die Mädchen von uns, und auch sie winken uns wehmütig hinterher, bis wir um die nächste Ecke verschwunden sind.

Im Lager geht ein emsiges Treiben los. Jeder packt seine, diesmal auf käuflichem Weg, also rechtmäßig erworbenen Schätze in den kleinen Koffer aus Sperrholz. Mein Koffer ist gerammelt voll mit den zwei Flaschen Sonnenblumenöl, den zwei Weißbroten als Reiseproviant, Schokolade und Bonbons für mein Töchterchen und natürlich einem Vorrat an Zigaretten.

Mein wertvollstes Mitbringsel für mein Frauchen Lilo:

Eine `silberne´ Zigarettendose. Geformt aus Aluminiumblech. Eingraviert in ihren Deckel ist eine Dreimastbark unter vollen Segeln, getauft `Lilo´. Durchs Meer steuert sie auf `Hummel-Hummel!´ zu. In mein Hamburg.

„Bring mich wieder in die Heimat!" Mühevoll habe ich es eingestanzt. Dazu `GJ´, - meine Initialen.

Lange Abende durfte ich daran arbeiten, dabei mit den sehnsüchtigen Gedanken zu Hause. Das ehrliche Lob der Kameraden für mein `Kunstwerk´ macht mich stolz.

Wird meine Tochter es wohl später in Ehren halten?

Unseren `Hamburger Schlachtruf´, mit dem sie den Papi bei seiner Heimkehr begrüßen will, beherrscht sie schon perfekt: „Hummel-Hummel!" Dazu die prompte Antwort: „Mors-Mors!"

Immer wieder wird eingepackt und wieder umgepackt. Für einen Psychiater wäre heute jeder von uns ein durchaus `ernstzunehmender Fall´ von übertriebener Hektik und Torschlusspanik. Zur Ruhe kommt in dieser aufregenden letzten Nacht keiner mehr. Niemand hat das Bedürfnis zu schlafen. Wie langsam und zugleich rasend schnell die Stunden vergehen bis zur Dämmerung. Noch schnell Essen fassen, weniger gründliches Revierreinigen, und pünktlich um 10 Uhr beginnt die Verladung.

Mit mehreren Kranken aus anderen Lagern ist unser Transport aufgefüllt worden, so sind wir fast zweitausend Mann. Straßenbahnen bringen uns zum Güterbahnhof. Eine Straßenbahn mit Anhänger fährt vor. Viele, viele Namen werden vorgelesen. An der großen Kommission am Tor, den Ärztinnen und Offizieren, muss jeder Aufgerufene zur Kontrolle vorbei, - auf seinem Weg in die Freiheit.

Schleppend geht es voran. Viel zu langsam leert sich das Lager. Auf unseren Koffern sitzend, kann jeder nur beten, man möge ausgerechnet seinen Namen nicht übersehen.

Im russischen Alphabet gibt es die Vorsilbe `Ja´. Diese steht ganz am Schluss. Ich, als einziger, beginne mit genau dieser Vorsilbe. Vor Anspannung zittern mir die Knie. Ihr Lieben daheim, wie dicht bin ich vorm Ziel! Bitte lasst jetzt nichts mehr schiefgehen, im allerletzten Augenblick! Da ist es. Laut! Sehr deutlich! „Jahn, Walter Gunter!“

Ein dicker Felsen fällt mir vom Herzen, wie ich, - laut Lager-Uhr um Punkt 16 Uhr, - mit dem Kommandanten den Kameraden durchs Tor hinterher marschiere. Oh, Gott, dir sei Dank! Du hast mich nicht vergessen. Ein scheeler Blick zurück auf unsere verlassene Behausung. Ab jetzt wird nur noch nach vorne geschaut, Jonny! Das nehme ich mir felsenfest vor. Richtung Heimat!

Nach einer halben Stunde Fahrt erreichen wir den Güterbahnhof. Er ist durch Polizisten abgesperrt für Zivilisten, die sich an der Auffahrt eingefunden haben.

Von allen unseren Baustellen sind sie hergekommen, wollen uns zum Abschied winken. Männer und Frauen. Unser Waggon wird uns zugewiesen. Mit zweiunddreißig Mann haben wir darin gerade so Platz auf den langen Holzpritschen zu beiden Seiten.

Alle männlichen und weiblichen Offiziere unseres Lagers haben sich eingefunden, um uns abfahren zu sehen.

Die Lagerärztin und zwei Offiziere begleiten uns auf der Reise.

Endlich, am 19. Juni 1949, um Punkt 18. 28 Uhr, setzt der Zug sich langsam in Bewegung. In Richtung Heimat! Alle drängen wir uns an die offenen Türen, um bewegten Abschied zu nehmen.

Ade, du schöne Stadt Leningrad! Eigentlich haben wir dich in all den Jahren direkt liebgewonnen. Unter anderen Voraussetzungen möchten wir dich eines Tages sicher wiedersehen. Denken meine Kameraden auch wie ich? Oder sind ihre Gedanken uns längst voraus geeilt? Heim nach Deutschland?

(Erst viel später, Mitte der Achtzigerjahre, gönnen wir uns eine Schiffsreise ins heutige St. Petersburg.

Ich muss meiner Lotti unbedingt zeigen, wie gut mir die

Stadt schon damals gefallen hat, auch als dem kleinen Kriegsgefangenen Jahn, Gunter Walter.)

Im Augenblick herrscht Totenstille im Waggon. Schon lange können wir nichts mehr sehen von der Stadt, bevor leise Gespräche aufkommen. Allmählich stellt sich in den Köpfen eine leichte Entspannung ein nach der ungeheuren nervlichen Anspannung der letzten Tage.

Einer nach dem anderen kriecht auf die harte Pritsche.

Wir fallen erschöpft in einen wohlverdienten Tiefschlaf, während die Räder ihren gleichmäßigen Tonfall stampfen, Stunde um Stunde gen Westen. Immer wieder schreckt einer aus dem Schlaf auf, aus den süßen Träumen von zu Hause. Beim Aufwachen erkenne ich durch den Türspalt eine weite, öde Landschaft. Ein neuer Tag beginnt für uns mit Sonnenschein. Rufen es nicht die Räder, bei jedem Schienenstoß? „Heimat! Heimat! Heimat!“ Station auf Station lassen wir hinter uns. Ab und zu ein kurzer Halt auf einsamer Strecke, für eine Weiche, denn hier wird fast nur eingleisig gefahren.

So vergeht langsam, - oder schnell? - , dieser erste Tag. Bald bricht die Dämmerung herein.

Mitten in der Nacht wieder ein Halt. Mal eilig raus, unser \`Geschäft´ erledigen. Bloß nicht zu weit! Keiner weiß, wann der Zug wieder anrollt. Plötzlich zerreißt ein lauter Schrei die nächtliche Stille. Zwei Kameraden haben sich in völliger Finsternis mitten zwischen die Schienen gehockt. Der entgegenkommende Zug hat sie nicht sehen können. Die Ärztin und ein paar Helfer hasten zur Unglücksstelle. Sie können gerade noch rechtzeitig aufspringen auf die vorbeiziehenden Trittbretter. Unser Zugführer muss die Zeit bis zur nächsten Weiche exakt, rücksichtslos einhalten. Wir sind vor Entsetzen sprachlos. Die beiden Kameraden haben sich zu früh auf die Heimat gefreut. Noch lange klingt uns der schaurige Schrei in den Ohren nach und trübt unsere Vorfreude auf daheim.

Die erste längere Pause legen wir in \`Nowgorod´ ein. Erst dort gibt es mal wieder etwas Essbares.

An meinem inzwischen fünften Geburtstag in Russland, dem 21. Juni 1949, der Sommersonnenwende.

Ein Hoffnungssymbol für die Wende in unserem Leben? Mir kommt dieser Tag vor wie mein allererster Geburtstag. Beginnt nicht wirklich die Zeit für mich ab jetzt ganz neu? In Freiheit!

Soll ich wieder tun und lassen können, was ich will?

Halt, ihr lieben voreiligen Zukunftsgedanken! Noch sind wir nicht über die Grenze drübergerollt. Bei uns allen ist vorsichtshalber gedämpfter Optimismus angesagt.

Nach drei weiteren Tagen erreichen wir \`Brest-Litowsk´, wo die Normalspur der Bahn beginnt. Noch ein letztes Mal lassen wir eine russische Filzung über uns ergehen. Die ist hier unerwartet streng. Splitternackt, die Kleidung überm Arm, stehen wir da vor den Soldaten.

An acht Tischen werden unsere Sachen gründlichst durchsucht. Wir müssen den Inhalt unseres Koffers ausschütten. Eine Zeitlang sehe ich mir das Schauspiel an und suche mir den Soldaten aus, der mir am sympathischsten erscheint. Sobald er meine Kleidung kurz nachgesehen hat, stelle ich mit der rechten Hand meinen Koffer vor ihn auf den Tisch, schiebe ihm mit der linken eine volle Schachtel Zigaretten zu. Ein rascher Blick nach rechts und links, ob die Luft rein ist von beobachtenden Offiziersaugen. Mein Koffer klappt zu. „Daway! Daway!“ Ich hätte sonst was im Koffer verstecken dürfen.

Vorsichtshalber habe ich im Lager jedoch alles vernichtet, was mich überhaupt in Schwierigkeiten bringen könnte. Mein Soldbuch, die gesamte Post, die Fotos und Bildchen meiner Tochter. Es musste sein!

Ein älterer Kamerad wird von hier aus zurückgeschickt. In seinem Uniformrock eingenäht wird eine genaue Skizze gefunden von einem Haus, das er sich in seiner Heimat nachbauen möchte. Eigentlich eine ganz simple Sache, doch die Russen vermuten ja in allem Spionage. So wird ihm eine einfache Zeichnung zur Falle.

Nach der letzten Entlausung in Russland steigen wir um. Auf dem Nebengleis steht unser nächster Zug längst bereit. Dort der große Schock! Nach gründlicher Zählung durch polnische Soldaten wird der Waggon verschlossen und verrammelt. Unser spontaner Gedanke: Man bringt uns zurück nach Leningrad ins Lager. Ja, unsere Gedanken sind noch lange nicht frei.

Und unsere Ängste sitzen viel zu tief. Aber schon fällt jemandem ein: Wir sind ab dieser Grenzstation Brest ja auf polnischem Gebiet. Russland liegt hinter uns! Befreites

Aufatmen bei allen Zweiflern. In der Dämmerung setzt unser Zug sich in Bewegung. Richtung Westen!

Wir möchten vor Erleichterung und Glück losheulen.

Beim Halt am nächsten Mittag bewachen die polnischen Zugbegleiter unseren Essenempfang mit Adleraugen. Trotzdem erlauben sie Zivilisten, an die Waggons heranzukommen, um uns ihre Tauschgeschäfte anzubieten. Zum Beispiel Rauchwaren gegen Weißbrot.

Erst gegen Mitternacht lassen wir Polen hinter uns. Und nochmals ungeheure Erleichterung, als die Waggons an der Grenze geöffnet werden. Langsam, aber stetig rollen wir auf Frankfurt an der Oder zu. Bis zum Morgen muss der Zug warten, bis er in den Bahnhof einfahren darf.

Die ersten deutschen Eisenbahner! Hurra! Sofort stellen wir ihnen unsere vielen, vielen Fragen. Warum antworten sie darauf eher ausweichend? Ganz wenige halten mit ihrer Meinung nicht hinterm Berg. Wie weh tut es, zu begreifen, was uns in der langersehnten Heimat erwarten wird. Uns Heimkehrer betteln deutsche Arbeiter an. Um Brot. Um Zigaretten.

Wir sind fassungslos. Noch schlimmer soll es kommen. Zunächst schickt man uns ins Entlassungslager für die Russland-Heimkehrer. Registrierung, Sauna, neue Unterwäsche. Erst gegen Abend marschieren wir zum Auffanglager. Ohne Stacheldraht und die gewohnten Posten fühlen wir uns zum ersten Mal wieder als freie Menschen. Nach nochmaliger Registrierung empfangen wir unsere Reiseverpflegung und fünfzig Ostmark als Entlassungsgeld. Bei den HO-Preisen in den Kantinenständen ist das ein Witz. Eine Tafel Schokolade soll zehn Mark kosten, Bier und Schnaps sind kaum billiger. Wir können uns für unser Geld also nicht mal einen kleinen `Schwips´ leisten, um etwas angeheitert die weitere Heimfahrt zu überstehen. Nein, lieber geben wir das Telegramm nach Hause auf:

„Ankomme Sonntagabend. Vati“.

An Schlafen ist nicht zu denken. So vieles haben wir noch mit den alten Kameraden zu bereden. Müssen von ihnen allen gerührten Abschied nehmen. Werden wir uns irgendwann wiedersehen? Vielleicht? Adressen werden ausgetauscht, Versprechen gegeben.

Die einen müssen in den Zug nach Leipzig steigen, die anderen in den nach Friedland.

Ich fahre natürlich zuerst zu meiner Frau nach Weimar, statt nach Hamburg, gehöre also zu den Ostdeutschen. Morgens um fünf, an diesem mir unvergesslichen Sonntag, dem 26. Juni 1949, geht es los.

Im Personenwagen! Was für ein Gefühl! Über Cottbus geht es zur Endstation Leipzig.

Von dort soll jeder den fahrplanmäßigen Zug in seinen Heimatort nehmen. Auf jedem kleinen Bahnhof hält der Zug für eine Weile. Sofort sind da die Menschen mit den Namen ihrer Söhne, Männer, Verwandten, die sie voller Spannung erwarten. Haben wir vielleicht eine Nachricht von ihnen? Wie gerne möchten sie uns etwas schenken. Sie haben nichts, was sie verschenken könnten. Im Gegenteil! Wir Heimkehrer geben ihnen von unserem Weißbrot, vom Zucker, auch Zigaretten. In einem vom Sieger besetzten Land! Für uns ist das unfassbar. Es tut so weh!

Um 18 Uhr läuft der Zug im Leipziger Hauptbahnhof ein, genau wie jeder andere, fahrplanmäßige.

Kein Mensch scheint von uns Notiz zu nehmen. Wohl schaut man uns nach, doch uns anzusprechen, das traut sich keiner. Fremd kommen wir uns vor. Verloren irgendwie auf diesem zugigen Bahnsteig. Wie gerne steigen wir ein in den Zug nach Erfurt, über Naumburg.

Ein D-Zug diesmal.

Vier Heimkehrer neben zwei Zivilisten sind wir im Abteil. Zwei, die tatsächlich den Mund aufmachen. Sie merken, uns können sie sich anvertrauen.

Wir berichten nämlich zuerst, ohne ein Blatt vor den Mund zu nehmen. Schildern ihnen die Wirklichkeit unserer letzten fünf Jahre. Schließlich fragen wir uns und sie: „Was haben wir eigentlich gewonnen?"

Einziger Unterschied scheint zu sein, dass kein sichtbarer Posten uns hier auf Schritt und Tritt folgt. Die `Posten´, die uns künftig erwarten, sind zunächst unsichtbar, doch dafür umso gefährlicher, wie sie andeuten. Jedenfalls bedanken wir uns, weil wenigstens sie uns mal die Augen öffnen. Es fällt ihnen und uns nicht leicht. Was wird uns die Zukunft in dieser neuen Heimat tatsächlich bringen?

Nach fast einer endlosen Stunde Aufenthalt in Naumburg kommen wir in Weimar an. Die Bahnhofsuhr zeigt 23 Uhr. Der menschenleere Bahnsteig erwartet uns. Obwohl keine Verdunklung mehr ist, werden wir daran erinnert, denn hell kann man es gerade nicht nennen.

Ein hochaufgeschossener Junge spricht uns an. Vater und Sohn erkennen sich nicht wieder! Zögernd umarmen sie sich. Beide weinen lautlos.

Mit dem Fahrrad ist er zum Bahnhof gekommen. Da wir nahe beieinander wohnen, rufen wir uns eine Taxe. Der Sohn radelt eilig voraus, um unser Kommen zu melden.

Endlich haben wir unsere Lieben wieder! Wir sind zu Hause!

Die besten Jahre unseres Lebens liegen hinter uns.

Nachwort von Gunhild Thalheim

Woher hatte mein Vater die ungeheure Kraft, die extrem harte Zeit in russischer Gefangenschaft durchzustehen?

Wie zutiefst dankbar bin ich dem Schicksal, weil ich meinen Vati endlich kennenlernen durfte, kurz vor meinem fünften Geburtstag. Wie heilfroh bin ich, dass er damals so schnell mit uns aus Thüringen nach Hamburg gezogen ist. Ganz offiziell durfte ich mit ihm ausreisen und im Westen aufwachsen.

Meine Mutter musste \`bei Nacht und Nebel´, das heißt schwarz über die Grenze flüchten.

Wie anders wäre mein Leben verlaufen, wäre mein Vater in Russland geblieben.

Erst nach seinem Tod erinnerte ich mich wieder an die Mappe mit Vaters Tagebuchaufzeichnungen. An die alten Fotos, seine Feldpostkarten und wichtige Dokumente.

Einen wahren \`Goldschatz´ hat er seiner Familie damit hinterlassen.

Schon lange soll daraus ein Buch werden. Aus diesen Erinnerungen, getippt auf der alten Reiseschreibmaschine. Von ihm selber? Hat er meiner Mutter den Text diktiert?

Erst jetzt konnte ich mich endlich dran wagen, alle seine Erlebnisse nochmals kritisch zu lesen und zu überarbeiten.

Über siebenundvierzig eng beschriebene Seiten hinweg habe ich mit ihm gelitten, gehofft, gezweifelt, auch manchmal mit ihm geweint.

Immer noch fällt es mir schwer, ihn mir in der Rolle des \`*Jahn, Gunter Walter*´ in russischen Lagern vorzustellen. Meinen eigenen Vater!

Als Kind hat seine kleine \`Puppa´ ihren Papi von Herzen geliebt und bewundert. Inzwischen habe ich größte Hochachtung vor ihm. Wie stolz bin ich darauf, seine Tochter zu sein.

Mein 1951 geborenes Brüderchen durfte leider nur vier Monate alt werden.

Mein Vater hat sie mir und meinen Kindern eindeutig vererbt: Seine positiven Eigenschaften.

Jonnys Devise hieß: „Man nur nicht unterkriegen lassen, min Deern!"

Und die zweite: „Wird schon schiefgehen! Dat löppt sich aallns torecht!"

Ohne seine fröhliche Ausstrahlung, seine Kontaktfreude, seinen Humor und seine Kreativität hätte er wohl kaum diese fünf allerschwersten Jahre überlebt.

Ich wünsche mir viele Leser in jeder Altersstufe, denen dieses Tagebuch, auch siebzig Jahre nach Kriegsende, noch ähnlich `unter die Haut geht´ wie mir als *`Jonnys´* Tochter.

Vitae Ernst Günter Jahn

Am 21. Juni 1921 in Neumünster geboren, ist Günter Jahn in Hamburg aufgewachsen, als `Barmbeker Jung´.

Nach dem Handelsschulabschluss trat er als Lehrling ein in die kaufmännische Abteilung der Firma `*Conrad Scholtz AG*´ in Hamburg-Wandsbek. (Kautschuk-Industrie, Herstellung von Treibriemen und Förderbändern)

Dort wurde er 1949 wieder aufgenommen. `Seine´ Firma war ihm nach seiner Familie das Wichtigste. Später wurde er zum Betriebsratsvorsitzenden gewählt, saß mit im Aufsichtsrat und engagierte sich besonders im Festausschuss und in der Rentnerbetreuung.

Auch im Ruhestand konnte er ohne die `*Cesag*´ nicht sein.

1992 starb er überraschend. An den Folgen eines Schlaganfalls, mit nur einundsiebzig, doch sehr intensiv gelebten Jahren. Sein Herz durfte sich in all den Jahren wohl nie wieder richtig erholen von den Strapazen der Gefangenschaft.

Schluss-Gedanken

Die Tochter von Vaters Arbeitskollegen Günther Zierk schickte mir aus seinem Nachlass einige Unterlagen über die Gefangenschaft in Amerika und England.
Das brachte mich auf die Idee! Eine Nebeneinanderstellung dieser beiden Nachkriegsschicksale? Warum nicht?

Am 23. Juni 1944 geriet Günther Zierk in Frankreich
an der Invasionsfront bei `Cherbourg´ in amerikanische
Gefangenschaft.
Es folgten mehrere Camps in den USA:
In Nebraska. Von Juni bis November 1944
In Clark / Missouri, bis Mai 1945
In Carlsten / Colorado, bis Januar 1946
Ab Februar 1946 wurden die Kriegsgefangenen
nach England verlegt und in verschiedenen Lagern
untergebracht:
In Liverpool, bis März 1947
In Sheffield, bis August 1947
In Discot, bis November 1947
Am 7. 11. 1947 hieß es endlich: „Repatriated!“
Am 11. November 1947 wurde Günther Zierk
im Auffanglager Munsterlager in die Heimat entlassen.

Während Günter Jahn Rüben und Kartoffeln hackte, im Steinbruch schuftete, durfte Günther Zierk Unmengen von Kirschen pflücken. In der damals weltgrößten Kirschenplantage `Martin orchards´ in Sturgeon Bay, Wisconsin.
Andere genaue Aufzeichnungen existieren leider nicht.
Günther Zierk wurde nur 61 Jahre alt.

Günter Jahn geriet im Januar 1945 in Polen in russische Gefangenschaft und kam in sein erstes Lager nach Posen.
Das erste Lager in Russland hieß `Antroptschina´, 50 km vor Leningrad.
Das Kriegsende im Mai 1945 erlebte er in `Krasnoje-Selo´.
Es folgte das Lager `Teizi´ im Torfgebiet.
Im Lager `Bandonia´, nahe dem Fluss Newa, und seiner Kolchose `Maxim Gorki´ blieb er bis zum Frühjahr 1946.
Von dort ging es im Herbst 1947 nach `Slanzy´, 300 km südwestlich von Leningrad, in der Nähe des Peipus-Sees.
In Leningrad wurde ab Mai 1948 in der Kolchose des Fleischwaren-Kombinats gearbeitet. Ins letzte Lager `Kajuschna´, im ehemaligen Rennstall des Zaren, ging es im Mai 1948.

Letzter Arbeitstag: 12. Juni 1949
Abfahrt in die Heimat: 19. Juni 1949
Ankunft in Weimar: 26. Juni 1949

Erst viel zu lange zwei Jahre später als Günther Zierk
sah er die Heimat wieder.

Gerne wüsste ich, ob die Zeit in den amerikanischen und britischen Kriegsgefangenen-Lagern vielleicht einfacher zu ertragen war als in den russischen?
Aber leider werden Zeitzeugen aus Amerika und England kaum noch am Leben sein. Oder vielleicht doch??

Nachtrag

Als ich den korrigierten Text dem Verlag schicken wollte, entdeckte ich in den sorgfältig abgetippten Tagebuchaufzeichnungen meiner Mutter drei Schreibmaschinen-Seiten von 1949. Die Grenzüberschreitung von Weimar aus nach Hamburg, wenige Monate nach Günters Heimkehr. Dieser kurze Bericht darf hier auf keinen Fall fehlen!
Mein Vater, schon in Hamburg gemeldet, also damit in der britischen Zone, durfte offiziell mit Tochter ausreisen.
Meine Mutter, als Bürgerin der DDR, musste versuchen, \`schwarz´ über die damals noch offene Grenze zu kommen, anscheinend in Begleitung einer anderen Frau mit ihren beiden Söhnen?

„Unsere Reise ist soweit glatt verlaufen. Der Zug nach Magdeburg war so wahnsinnig überfüllt, dass die Leute wie Trauben draußen hingen. Es hieß, es gäbe ein Mutter-Kind-Abteil (was jedoch nicht stimmte!). Auf der Suche danach verpassten wir den Anschluss und standen draußen. Als beide Kinder heulten und ich mit zitternder Stimme um Mitleid bat, erweichte sich das bahnamtliche Herz und wir durften, stolz wie die Spanier, im Dienstabteil mitfahren, hatten natürlich prima Platz und angenehme Unterhaltung bis Magdeburg.
Von dort an war ´s miesepetrig! Es fuhr zwar um 17 Uhr ein Berufszug, - Richtung gelobtes Land, - sie nahmen uns aber nicht mit. Danach wäre der einzige Zug um 20 Uhr gewesen, Ankunft in Marienborn erst gegen 23 Uhr,
Wir standen recht trübsinnig herum, inmitten unserer feldmarschmäßigen Ausrüstung.

Da bot ein Mann uns an, mit circa dreißig Personen auf sein offenes Lastauto zu steigen. Pro Kopf mussten wir ihm 15 Mark bezahlen. Und ab ging ´s bei Sturmgebraus über die Autobahn bis kurz vor Eisleben. Wir hockten da wie ein Häuflein zum Tode Verurteilter am Boden. Eng umschlungen, in Decken gewickelt. Dann ein Ruck! Auto hielt, wir runter, Auto weg, wir allein in Eis und Schnee!!
Da Manfred noch mal `musste´ und es mit seinen diversen Unter-, Mittel-, Oberhöschen nicht so schnell ging, waren alle anderen weg, als wir fertig zum letzten Gang waren. Straße voll Schnee und Glatteis, rechts und links nur schweigender, düsterer Hochwald, in dem der edle Jäger `Iwan´ auf sein Wild lauerte. Der Himmel bezogen mit dunklen Wolken, - ein winziges Sternlein führte uns gen Engelsland. Manfred zwischen uns, rutschten wir, so schnell es ging, vorwärts.
Da, in einer Unterführung an einen Pfeiler gelehnt, stand ein Junge, der uns zuflüsterte: „Halt! Die anderen hat der Russe geschnappt. Nicht weitergehen!“
Schnell wollten wir in die Büsche … Zu spät!
Iwan kam, und in diesem kritischen Augenblick gab mir der Himmel die rechten Worte.
Also es war so: Die Posten mussten die Wanderer abfangen, und alle Interzonenpass-Inhaber durften weiter, Richtung Schlagbaum (was mindestens noch sechs Kilometer weit war). Der Posten brachte gerade im Augenblick unseres Erscheinens sechs Personen mit Pass zurück zur Autobahn. Ich dazu und zum Posten gesagt: „Du eben gesehen, ich auch Ausweis.“ Daran `erinnerte´ Iwan sich. Wir durften erst mal weiter tippeln. Endlos wurde dieser Weg. Zum Glück lief Manfred tapfer mit, vor lauter Angst sogar, ohne zu jammern.

Da! In der Ferne Licht! Schlagbaum! Grenzkontrolle!
Rechts und links Autokolonnen, die wollten nach hüben und drüben. Wenige Meter neben dem Schlagbaum das Häuschen, wo man sich seinen Stempel machen lassen musste. In den Interzonenpass, - so man denn einen hatte. Ich hatte aber doch leider nicht!
Ganz selbstverständlich kamen wir dort anmarschiert.
Unterwegs hatte ich noch `ein Kind bekommen´: Den etwa vierzehnjährigen Jungen, der uns gewarnt hatte und der auch nach Hamburg wollte. Mutterseelenallein! Also nahm ich ihn mit.
Zu unserem Glück war gerade russischer Besuch am Grenzhäuschen, und wir Deutschen hatten geduldig zu warten.
`Wat dem einen sin Uhl, ist dem andern sin Nachtigall´, fiel mir ein. Für mich war genau dieser Umstand besonders günstig. Beim Posten am Schlagbaum, ein junger, anscheinend deutschfreundlichee Russe, ging ich auf die Mitleidstour.
Er: „Oh, kleinerrr Kind, viel müde! Grosserrr Weg fürrr kleinerrr Fisse."
Ich: „Ja! Armer Junge sooo müde! Darf sich hierher auf Trittbrett von Auto setzen?" (Dieses Auto stand sehr nahe am Schlagbaum!)
Manfred wurde dort hingesetzt. Ich schnallte `pro forma´ meinen Rucksack ab und sondierte hastig die Umgebung. Einen netten Lastwagenfahrer weihte ich in unsere Nöte ein. Auch die betreffenden sechs Leute mit Reisepass wussten Bescheid.
Sobald der Posten ein ankommendes Auto in Empfang nahm, bildeten sie eine Art Mauer um uns. Ich griff mein Gepäck, `meine´ Kinder. Auf allen Vieren krochen wir

unterm Schlagbaum durch. Und ab ging´s, mit wehenden Haaren und heraushängender Zunge. Mitten durch das `Niemandsland´.
Der Schweiß lief uns herunter. Jeden Moment konnten die Russen auf uns schießen …
Endlich die weiße Schranke, die ein netter `Tommy´ gleich öffnete, als er uns keuchend daherkommen sah.
In hingebungsvoller Demut warf mich das Glatteis ihm direkt vor die Füße, worauf er grinste: „Please, Madam!“
Bescheidener konnte ich ihn wohl nicht halten, meinen Einzug in den Westen
Gewitzt, wie ich inzwischen war, hielt ich mich gar nicht erst bei der Kontrolle auf. Weiter ging ´s mit unserem Marsch. Nach zweihundert Metern hielten wir erleichtert an, packten unterm Sternenhimmel (Oh ja, hier im Westen leuchteten für uns die Sterne!) unsere Vorräte aus und schlugen uns erst einmal den knurrenden Bauch gehörig voll nach dem überstandenen Schrecken.
Darauf fing Manfred leise an zu singen: „Wer hat die schönsten Schäfchen? Die hat der gold´ne Mond …“
Noch lange mussten wir laufen, bevor wir endlich den Bahnhof Helmstedt erreichten. Alles zusammengerechnet müssten es gut sechzehn Kilometer Fußmarsch gewesen sein in dieser Nacht. Eine Strecke musste ich Manfred auf den Schultern tragen. Dabei war es so spiegelglatt, dass ich mich kaum aufrecht halten konnte.
In Helmstedt wurden wir als Begrüßung `entlaust´. Wir bekamen das Einreiseformular mit unseren Stempeln, und danach wurden uns zwei Betten zugewiesen. Nach einem opulenten Mitternachtsmahl konnten wir beruhigt schlafen, bis fast 5 Uhr. Obwohl der Geruch in dem muffigen

Schlafraum nicht gerade angenehm war, tat uns die Wärme doch besonders gut nach der langen Kälte.
Pünktlich um 5:26 Uhr ging es wieder los, nach Hannover. In einem Personenzug ohne Scheiben!
Mittags weiter ab Hannover. Richtung Hamburg! Voll ist gar kein Ausdruck für diesen sogenannten `Schnellzug´. Trotzdem sind wir gegen 21 Uhr erschöpft in Aumühle bei Hamburg gelandet. Überglücklich!
Unser aufgeregter Papi schien hell entsetzt über unsere so gewagte Tour, aber jetzt war ja alles heil überstanden.
Voller Stolz sagte ich zu meinem Jonny: „Weißt du, als wir in Helmstedt in der Mission saßen und ich dort einigen Neuankommenden berichtet habe, wie wir es über die Grenze geschafft haben, lachten sie. Andere Grenzgänger hätten es ihnen bereits erzählt. Von der Mutter, die samt Kindern den Russen abgehauen war. Der Posten hätte nach uns gesucht: `Wo hin Frau mit kleinerrr Junge?´
Ja, mein Schatz, und die war längst weg! Im Westen!“

Hamburg-Wandsbek, den 29.11.1943

Lieber Arbeitskamerad J a h n !

In wenigen Wochen feiern wir zum fünften Male in diesem Kriege Kriegsweihnacht und gerade zu dieser Zeit sind unsere Gedanken ganz besonders bei Euch.

Wenn wir auch in diesem Jahr durch die Euch bekannten Hamburger Verhältnisse nicht das hinausschicken können, was wir möchten - denn es ist bedauerlicherweise bei uns alles verbrannt- so haben wir doch noch versucht, eine Kleinigkeit auf den Weg zu bringen.

Wir hoffen, dass unser kleiner Gruss Euch alle gesund und munter antrifft und dass er auch rechtzeitig in Eure Hände kommt, damit Ihr zum Fest auch von uns etwas erhaltet.

Wir in der Heimat werden in diesem Jahr das Fest auch nicht so feiern können, wie in den anderen Jahren, denn die Hamburger Verhältnisse wirken sich auch hier aus. Es wird keine laute Freude hochkommen können nach all' dem, was wir im letzten halben Jahr durchgemacht haben.

Trotzdem lassen wir den Kopf nicht hängen, denn auch wir sind uns alle klar darüber, dass, wenn wir leben wollen, dieser Krieg siegreich für uns beendet werden muss, und so wie Ihr auf Manches verzichten müsst, was Euch lieb und wert ist, so müssen auch wir jetzt auf das Eine oder Andere verzichten.

So wollen wir das Weihnachtsfest begehen mit dem festen Willen, alles zu tun, um den Endsieg sicherzustellen .

In diesem Sinne gedenken wir Eurer und wünschen Euch im Kameradenkreis ein paar schöne Stunden und übersenden Euch gleichzeitig die besten Wünsche zum Neuen Jahre, das uns im festen Vertrauen auf unseren Führer und unsere eigene Kraft und Stärke den Endsieg bringen möge.

Heil Hitler !

Betriebsgemeinschaft Conrad Scholtz A.-G.

8. II. 48

Meine liebste Lilo u. Kl. Puppa!
Endlich ist es uns erlaubt, einmal an Euch einen Brief zu schreiben
Kann man doch mal etwas mehr schreiben, denn was waren 25 Worte?
Ja, meine kleine Lilo, wer hätte das einmal gedacht, daß das Schicksal
es so hart mit uns meint und uns 3 Jahre trennt unter schwersten
u. größten Entbehrungen u. Opfern. Aber ich will Dir keine Senti-
mentalitäten vorsingen. Nein, mein kleines Frauchen, Kopf hoch und
voller Zuversicht in die Zukunft geschaut, einmal geht auch dieses vorüber
Das Jahr unserer Heimkehr ist angebrochen, in welchem Monat der Tag
kommen wird, das wissen wir nicht, aber bis zum Herbst hoffe ich bestimmt!
Zu unserem 5-jährigen Hochzeitstag möchte ich auf jeden Fall bei Dir sein,
meine Lilo! Was meinst Du? Aber das soll ein Fest werden! Hast Du den
26.2. auch lieb verbracht? Ich werde in Gedanken bei Dir sein! - Wie geht es
Euch nun immer noch? Vor allem Dir, meine Süße? Was macht Deine Galle?
Und wie geht es unserer Puppa? Den Bildern nach zu urteilen ist alles in
bester Ordnung, nicht wahr? Ja, Lilokind, Eure Post und Bilder sind immer
die größte Freude für mich und täglich schöpfe ich beim Anblick derselben
neue Kraft und neuen Mut aus ihnen, sie helfen mir oft, schwere Stunden
leichter zu ertragen. Ich kann es immer noch garnicht fassen, daß wir

schon eine so große Tochter haben? Da kann Gunhildlein dem Vati ja bald einen Kuchen backen, nicht wahr? Hilfst Du auch der lieben Mutti und der Oma tüchtig? Oder hast Du gar schon einen kleinen Freund? Meine kleine Maus, sei nur immer recht lieb u. artig zur Mutti und ihr ein lieber, kleiner Tröster, solange der Vati nicht bei Euch sein darf. Wenn der Vati dann bei Euch ist, dann wollen wir aber herumtollen im Gärtchen, schaukeln u. Tischtennis spielen und die Mutti mit dem Wasserschlauch nass spritzen, ja? Oder bist Du gar wasserscheu? Na, wenn wir uns erstmal in der Nordsee tummeln können? - Eure Post vom 5. 1. habe ich erhalten. Da habt Ihr ja allerhand Besuch gehabt? Hansi hat Dir viel von Kohrs erzählt, na das glaube ich. Wie hat er den denn nur kennengelernt? Ich war platt darüber. Es ist lieb von Dir, meine Süße, daß Du eine Antwortkarte nach Husum geschickt hast, ich habe auch eine Karte an Vati u. Mutti geschickt. Hast Du schon wieder Post von Dambeck? Ich warte nun auf den angekündigten Brief von Dir. Darum will ich garnicht so viel Fragen stellen. Wie hat sich der Winter bei Euch eingestellt? Wir können bisher zufrieden sein. Gesundheitlich geht es mir wieder gut. Ansonsten geht ein Tag wie der andere bei der täglichen Arbeit hin. Im Lager selbst ist für Unterhaltung, durch

Konzerte, Theater und Lesezimmer, gesorgt. Unsere Unterkunft ist gut. Wir müssen eben mit unserem Los zufrieden sein und wollen es geduldig tragen. - Das Osterfest ist nun bald wieder heran und Ursel wird konfirmiert. Ja, da wäre ich gern dabei gewesen, aber es soll nicht sein. Verlebt das Fest recht gut und gestaltet es den Kindern so, wie es in Euren Kräften steht. Die nächsten Ostereier suchen wir wieder gemeinsam, das walte Gott! Ich wünsche Euch von ganzem Herzen ein frohes und gesundes Osterfest.
Und Dir, liebe Ursel, wünsche ich zu Deiner Konfirmation und für Deinen ferneren Lebensweg alles Gute! Konntest mir zu Liebe ja ruhig noch 1 Jahr warten!? Leider kann ich Dir von hier kein Geschenk zukommen lassen, aber das wird Dein liebes Schwesterlein schon besorgen, nicht wahr, meine liebe Lilo? Ja, nun ist die kleine Hoppeld auch schon eine Dame! Wie geht es Vati u. Mutti? Nun geht es ja zum Frühjahr und die Gartenarbeit ruft wieder, nicht wahr? Habt Ihr Euch schon wieder Kleintierzucht zugelegt? Wirst Du auch unser Gärtchen wieder bebauen, Süße? Ja bitte! Das letzte Mal allein, vielleicht können wir sogar schon gemeinsam ernten? Im Sommer ist die Fahrerei ja auch etwas leichter. - Wo wohnen

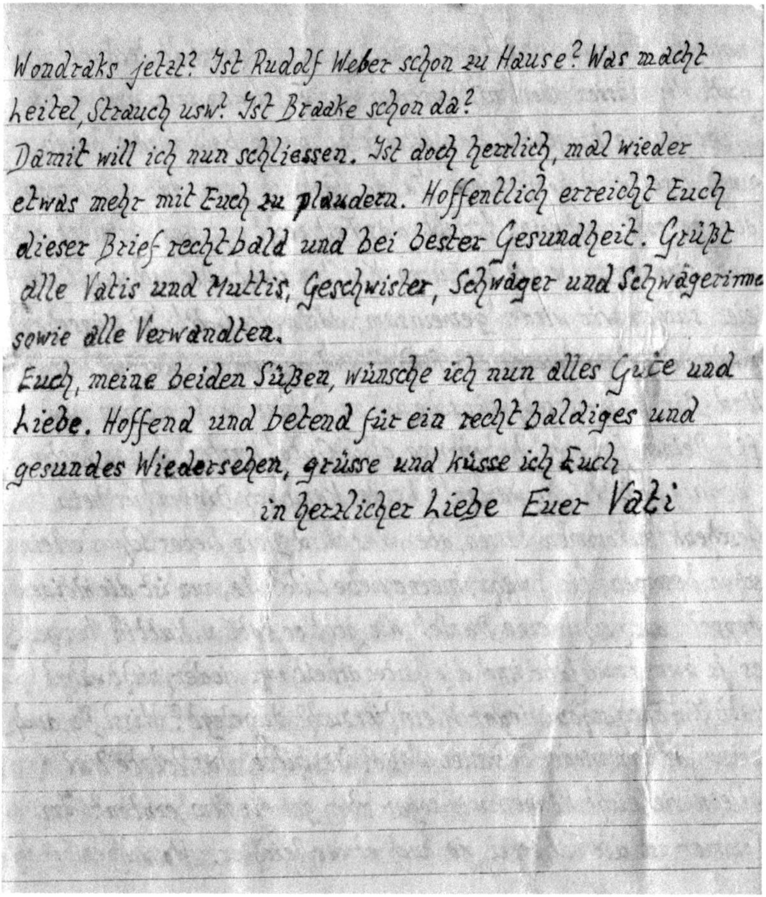

Wondraks jetzt? Ist Rudolf Weber schon zu Hause? Was macht
Leitel, Strauch usw.? Ist Braake schon da?
Damit will ich nun schliessen. Ist doch herrlich, mal wieder
etwas mehr mit Euch zu plaudern. Hoffentlich erreicht Euch
dieser Brief recht bald und bei bester Gesundheit. Grüßt
alle Vatis und Muttis, Geschwister, Schwäger und Schwägerinne
sowie alle Verwandten.
Euch, meine beiden Süßen, wünsche ich nun alles Gute und
Liebe. Hoffend und betend für ein recht baldiges und
gesundes Wiedersehen, grüsse und küsse ich Euch
in herzlicher Liebe Euer Vati

Hamburger Abendblatt

UNABHÄNGIG · ÜBERPARTEILICH

Verlag: Axel Springer & Sohn Hamburg 36, Kaiser-Wilhelm-Straße 6

CHEF-REDAKTION

Herrn
Günther Jahn
Hamburg-Rahlstedt 2
Dreieckskoppel 7c

Hamburg, 12.März 1959
RA-Ve./mü.

Sehr geehrter Herr Jahn !

Ich habe Ihnen, wie besprochen, 6 Photos herausgesucht und hoffe, dass Ihnen die Auswahl zusagt. Sonst können Sie gern nach der Rückkehr von meinen bevorstehenden Reisen (voraussichtlich Mitte Juni) das eine oder andere Bild umtauschen.

Freundliche Grüsse

(Erik Verg)
Redaktion HAMBURGER ABENDBLATT

FERNRUF: 24 81 81 - FÜR FERNGESPRÄCHE: 34 12 15 - FERNSCHREIBER: 021 18 98 - DRAHTANSCHRIFT: ABENDBLATT
POSTSCHLIESSFACH: 1048 - POSTSCHECKKONTO: HAMBURG 32 64
BANKKONTEN: VEREINSBANK IN HAMBURG, HAMBURG, UND HASPA 1827, KONTO 80/15 500

110-1-006 S 2024 2 11.55

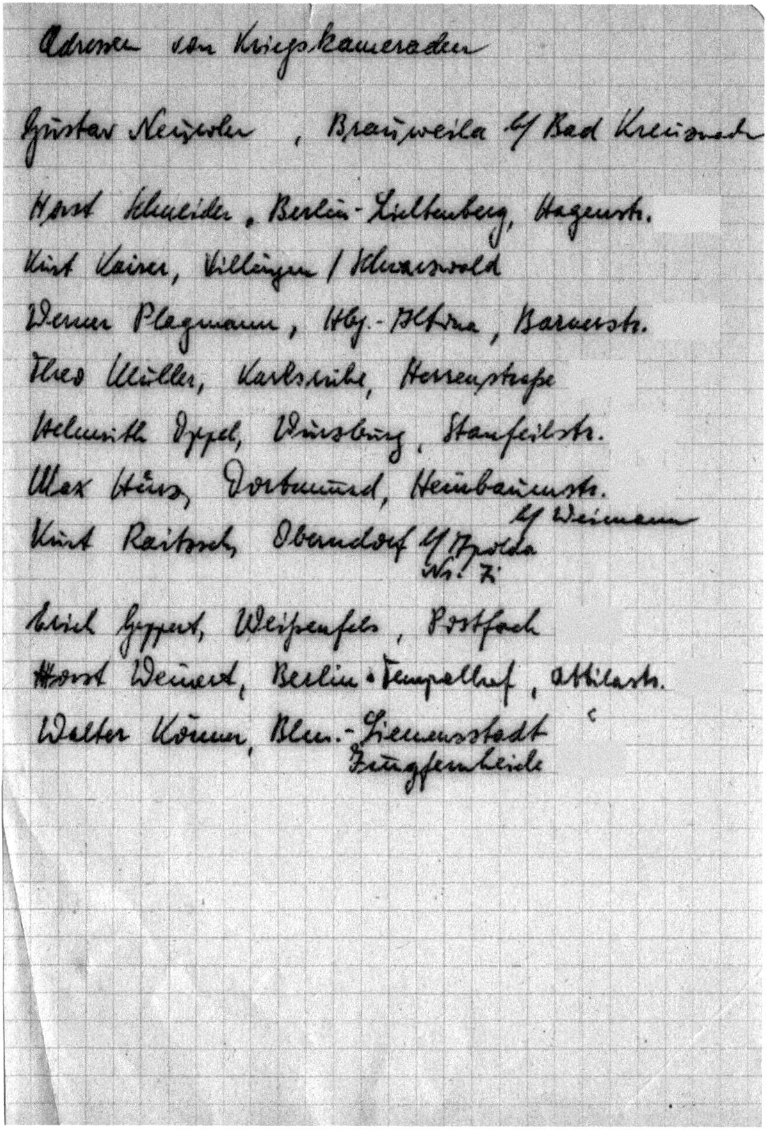

Adresse von Kriegskameraden

Gustav Neuzeler, Braunweiler b/ Bad Kreuznach

Horst Schneider, Berlin-Lichtenberg, Hagenstr.

Kurt Kaiser, Villingen / Schwarzwald

Werner Plagmann, Hbg.-Altona, Barnerstr.

Theo Müller, Karlsruhe, Herrenstraße

Helmuth Oppel, Würzburg, Staufeilstr.

Max Hinz, Dortmund, Heimbaumstr.

Kurt Raitsch, Oberndorf b/ Apolda b/ Weimar Nr. 7

Erich Geppert, Weißenfels, Postfach

Horst Wenert, Berlin-Tempelhof, Attilastr.

Walter Körner, Bln.-Siemensstadt Jungfernheide

Wir
grüßen
die
Heimat
DR

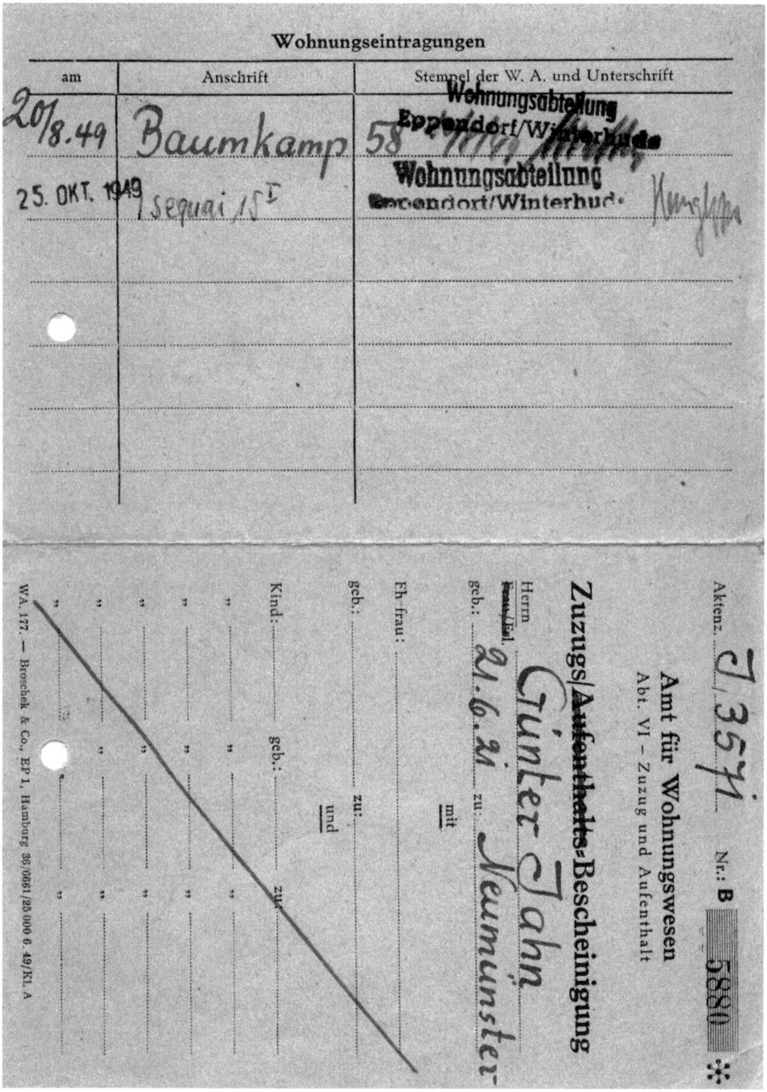

Wohnungseintragungen

am	Anschrift	Stempel der W. A. und Unterschrift
20/8.49	Baumkamp 58	Wohnungsabteilung Eppendorf/Winterhude
25. OKT. 1949	Isequai 15 I	Wohnungsabteilung Eppendorf/Winterhude

Aktenz. J.3571 Nr.: B 5880

Amt für Wohnungswesen

Abt. VI – Zuzug und Aufenthalt

Zuzugs/~~Aufenthalts~~-Bescheinigung

Herrn/~~Frau~~/Frl. Günter Jahn

geb.: 21.6.21 zu: Neumünster

mit

Eh-frau: .... zu: ....

geb.: .... und

Kind: .... geb.: .... zu: ....

WA. 177. — Broschek & Co., EP 1, Hamburg 36/0661/25 000 6. 49/Kl. A

zuletzt wohnhaft in: russ. Gef.

ist am: 20.8.49

Zuzugsgenehmigung für Hamburg erteilt worden (034)

Eine Eintragung als Wohnungssuchender kann ab 21.8.49

erfolgen.

Heimkehrer

ist am:

Aufenthaltsgenehmigung bis auf weiteres / bis

für Hamburg erteilt worden ( )

Verlängert bis: am: d:

" " " "

" " " "

" " " "

Hamburg, den 20. AUG. 1949 Abtlg. VI

D. S. Unterschrift

Regierungsinspektor

Raum für Gebührenmarken

Gebührenfrei.

Dat: 20. AUG. 1949

Abt.

Wohnungsamt

Für die Dauer des Aufenthaltes Berechtigung auf Zuteilung von:

a) Wohnraum nach VA. § 32 Abs. 2 c

b) einen schwer zu vergebenden Raum VA § 32 A 5

c) Wohnraum in Selbsthilfe:

d) auf Vorschlagsrecht zu vergebende Räume:

zuerkannt.

Hamburg, den Abt. VI

D. S. Abteilungsleiter

Eintragungen der Wohnungsabteilung:

Als Wohnungssuchender eingetragen am:

Zuteilungsgrundsatz:

W. S. Karte gefertigt am:

Hamburg, den

Stempel der W. A.

Unterschrift

Zugewiesen am:

für:

Hamburg, den

Stempel der W. A.

Unterschrift